言葉を選ぶ、授業が変わる!

ピーター・H・ジョンストン 著
長田友紀・迎 勝彦・吉田新一郎 編訳

ミネルヴァ書房

CHOICE WORDS: HOW OUR LANGUAGE AFFECTS CHILDREN'S LEARNING
Peter H. Johnston

Japanese translation rights arranged with Stenhouse Publishers
through Japan UNI Agency, Inc.

棒や石は骨を断つ

ハーブ・ワレーン

「棒や石は骨を断つ
言葉は決して傷つけない」
これは確かに真実だ
真実が失われることはなかった

しかし　それは間違っている
真実を変えよう、つぎのように
「棒や石は骨を断つ
言葉も心を打ち砕く」

棒や石が骨を断てても
心はそのままでいられる、
しかし　他愛もない言葉が心を砕き
沈黙でさえ魂を押しつぶす

訳者まえがき

親や教師はみな、子どもによりよく学んでほしいし、これからの人生を自分で切り拓き、幸福に生きていってほしいと願っています。「子どもに主体的に自ら学んでほしい」「話し合いのできるよい教室コミュニティーをつくりたい」「子どもと一緒に自分も学びたい」と思っている教師も多いことでしょう。

子どもに接するわれわれ大人が、考え方や心もちを変え、使う言葉（コミュニケーション）を変えると、子どもの学びが変わり、子どもたちの生活や未来をも変えることができる、というのが本書の趣旨です。必ずしも教師にとって役立つばかりでなく、親や、子どもを成長させたいと思っているすべての人にとって有益な本となっています。

著者であるピーター・ジョンストン氏は、ニュージーランドの小学校の教師を経て現在はニューヨーク州立大学の名誉教授です。教育を単なる子どもたちへの情報の伝達とは捉えておらず、より公正で、互いに気づかい合う社会をもたらすための実践や練習の場と捉えています。学校で使われる言葉を変えたいだけでなく、学校の外の社会で使われている言葉を変えたり、言葉がつくり出す差別までも解消したいと願っています。本書もそのような考え方に基づいて書かれており、アメリカでは二〇一六年初頭の段階で二五万部も販売されています。そのような本をようやく日本の読者にお届けすることができ、訳者一同とてもうれしく思っています。

子どもはそもそも学びたいという意欲をもっていますし、学ぶ力をもっています。他者とやり取りをしながら学びたいとも思っています。子どもにはそれぞれアイデンティティーがあり、一人の人間として教師からも仲間からも尊重されたいと思っています。そのためには「言葉」が大切であり、「言葉を選ぶこと」が大切であると著者は一貫して主張します。本書ではそれが理論的な裏づけとともに、小学校から高校までのさまざまな教科における教師と生徒とのやり取りや話し合いの豊富な事例を通して分かりやすく説明されています。

話し合うことは、学び/考えを促進させるだけでなく、主体的な学び手/考え手をも育てるのに役立ちます。そのためには、「学習」や「コミュニケーション」の本質について子どもが理解できるように手助けしなければなりません。その具体的なポイントや教師が意識すべき話し方が本書にはたくさん示されています。子どもの意欲やアイデンティティー、民主的な教室コミュニティーに至るまで、学習や言葉の本質に関わる大切なことが、これだけ薄いにもかかわらず（原著の本文は、わずか98ページ！）すべてに目配りされているのです。このような本はこれまでまったくなかったといってよいでしょう。

実は、本書がどれほど効果的かはすでに実証済みです。私は大学院の授業でさまざまなテーマについて学生たちと話し合いをしています。なかなか発言をしなかったり、単発的な発言をしたりするため学生たちを怒ることもありました。しかし、数年前から共訳者たちと翻訳を進める中で、本書で大切にされている話し方を私自身が授業で行っていることにふと気づいたのです。それは学生たちが和やかに、自分たちで主体的に意見を出し合いはじめ、教室の「空気」が変わったと思った瞬間でした。本当は学生ではなく私自身の学生に対する見方や考え方が変わっていたのです。さらに驚いたのは、会議のため30分ほど遅れて教室に行った日のことでした。廊下にまで学生たちの話し合っている声が聞こえたため、教室に入らずそのまま外で聞いていました。学生たちは最後まで私が聞いているとは知らずに話し合っていましたが、教師不在のそれが今まででもっともよい話し合いでした。次は、私自身が彼らと一緒になって語り、話し合い、そして学ぶ番です。彼らには、いつかそれぞれの場所、教室で子どもたちと一緒に学んでほしい、そう願っています。

子どもたちは、そもそも「自分たちだけで成しとげる力」をもっています。子どもを信じて適切に支えていけば、驚くべきことを成し遂げます。まさに本書のいうとおりでした。私の教室や学生たち、そして私自身が変わったことを実感しています。自信をもって本書をおすすめできるのはそのためです。

以下、本書のポイントを少しだけ書き出してみます。これ以外にもたくさんありますが、あなたも読後に自分なりに考えてみると本書の内容がさらによく理解できるかと思います。

・各教科内容の学習と、言葉の学習は大きく関係し、セットで学ぶことができる。しかもそうすることがもっとも効果的である。
・クリティカルな思考、創造的な思考、他者を思いやる思考（気持ち）と、言葉の学習は大きく関係し、これらはすべてセットで学ぶことができる。しかもそうすることがもっとも効果的である。
・一人の学習者として自立的に思考し活動することと、コミュニティーのみんなで問題解決することは大きく関係し、セットで学ぶことができる。しかもそうすることがもっとも効果的である。
・みんなで共に考え、行動することと、みんなが異なっていることは大きく関係し、セットで学ぶことができる。しかもそうすることがもっとも効果的である。
・教師が教えることと、子どもが学ぶことはまったく違う。教えることで満足するのではなく、子どもが学ぶことがもっとも重要であり、そのためのやり方を子どもたち自身で話し合い、発見することがとても重要である。

けっして頭から読まなければならない本ではありません。本書で示された「話し方」を参考にしたり、あるいはまた理論の方から勉強したりしても構いません。どこからでも興味をもったところからまずは読んで、何よりも試してほしいと思います。

そうすれば、きっと子どもたちや授業が「何か変わる」という驚きを体験できるはずです。著者は子どもも教師も「チャレンジ」することを大歓迎しています。うまくいくこともあれば、失敗することもあるでしょう。子どもたちが変わった（自分も変わった）という点がわずかでもあれば、少しぐらい失敗してもまた挑戦してほしいと思います。そのうちに自然と授業が変わり、いつのまにか子どもが大きく変わっていることに気づくはずです。それこそがジョンストンのマジックです。

ところで本書には続編『Opening Minds』があり、こちらも大変におもしろい本です。読者のみなさまの応援があれば続編の翻訳もお届けできるのではないかと思います。

最後になりますが、本訳書の刊行にあたって翻訳中何度も訳者たちの質問に丁寧に答えていただいたピーター・ジョンストン氏、それからまだ荒っぽい下訳を読んでコメントをくださった本田陽志恵氏、田村一秋氏、飯村寧史氏、河村泉氏、各務めぐみ氏、中川乃美氏、勝田光氏、またミネルヴァ書房の林志保氏には大変にお世話になりました。感謝申し上げます。

訳者を代表して　長田友紀

言葉を選ぶ、授業が変わる！　目次

巻頭詩　i
訳者まえがき　iii

第１章　言葉の使い方が、学ぶ内容や人間性を左右する……1
第２章　気づくことと、名づけること……29
第３章　アイデンティティー……61
第４章　主体性、そして選択するということ……79
第５章　柔軟性と、活用すること……113
第６章　子どもにとって「知ること」とは……139
第７章　民主的な学びのコミュニティーをつくり続けるために……167
第８章　あなたは、「誰と話している」と思っていますか？……197

資料　223
文献

第1章

言葉の使い方が、学ぶ内容や人間性(1)を左右する

私が言葉にこだわるようになったきっかけ

小学四年生のときのことです。先生は、私のあやまちに対して、にこやかに「まことに余は、汝の頭をその邪悪なる燭台で打つべきなり」[2]と言いました。あまりにもささいな対応だったので、この場面を見ていた人がいても、気にとめることなく、すぐに忘れてしまったことでしょう。このような機転の利いた対応は、見逃されがちです。[3]

先生がこのような遊び心に満ちた言葉の使い方をしてくれたおかげで、私は注意を引きつけられ、その場にふさわしくない行為を止めることができました。また、強く指導されることで立場がなくなることなく、優しさすら感じました。こうして私の人格は尊重されたのです。

この経験は私に、「言葉はとても価値があり興味深いものであること」を教えてくれました。つまり、「言葉とは楽しむためだけでなく、無理強いすることなく行動を変えることのできる十分な力をもっている」ことを理解させてくれたのです。また、先生は「燭台」の例のように社会科で学んだ言葉を用いて話してくれただけでなく、他者の発言を取り上げたり、他の資料から言葉を引き出せたりすることも示してくれました。

こうした一つの出来事から、私が「学ぶ」「考える」「教える」「社会生活を営む」ための〝言葉の使い方〟にこだわるようになった、というのはばかげているかもしれません。けれども、これを私の知的で社会的な成長の足跡を示す会話の一例としてみるのは、それほどおかしなことではないでしょう。

私は研究者の特権で多くの教師を見てきました。言葉の使い方がおよぼす影響について、あのとき、先生がどこまで気づいていたかはわかりません。ですが先生は、私たちの学びを支援する言葉の使い方がとても上手でした。私たちは、最高の学習環境を子どもたちに提供する際に、「言葉」についてもっと注意深く考えなければならないのです。(4)

最近、同僚と私は、優れた国語教師が、教室の中でどんな魔法を使っているのかについて調査しました。*5 教師の選定にあたっては、指導後の生徒が国語のテストでよい成果を収めている人や、その教師をよく知っている人によって推薦され、その教師のようになりたいと思われていたり、自分の子どもも教えてほしい、と言われたりしている人を選びました。どの教師も自分なりに得意な方法があるだけでなく、もちろん私たちと同じように弱みももっていました。私はこれら優れた教師たちの効果的で巧みな言葉の使い方に興味をもち、その重要性を調べ始めました。

本書では、教師が言うこと（そして、あえて言わないこと）に焦点をあてています。言葉の結びつけ方や、言い方によって、子どもを取り巻く言語的生活は変わるのです。本書では一見、普通の単語やフレーズ(5)のように見える言葉を取り上げます。それだけでなく、まるでオーケストラの指揮者のように重要な役割を果たす言葉の事例も取り上げていきます。各章においては、調査で出会った教師の事例からそうした言葉を示します。またある論点を明瞭にするために、他の研究者や自分の経験からも事例を加えました。

本書を書く二つの目的

私の第一の目的は、教師の言葉の使い方によって、テストで測れるような国語の力を身につけつつある子どもの成長をどう説明できるかでした。しかし、どんなに子どもと一緒に素晴らしいことを達成したとしても、一日が終わるころに、授業が予定通り進まなかったことに責任を感じる教師を私は何人も見てきました。このような罪の意識はまったくの事実無根であり、感じる必要のないことです。しかしそうなってしまうのは、教師が自分の成し遂げたことを、「明確に示せ」ないだけでなく、「名づけ」られないことに原因があります。

そこで、教師がうみ出す「複雑な学習(6)」をはっきりと示すことを本書の第二の目的とします。私は教師の罪の意識を少しでも軽減したいのです。実は、こういった複雑な学習は、テスト作成者や政策立案者（文科省の役人など）や普通の人だけでなく、しばしば教師にも自覚されていないものです。複雑な学習の姿を知ることはとても大切なことです。

ヴィゴツキーを学んだことがあれば「子どもたちは、身の回りにある知的な生活の中で成長していく」[*134]と聞いたことがあるでしょう。知的な生活とは本質的に社会的なものであって、言葉はその中で特別な地位を占めています。知的な生活は社会的であるため、関係的であり、かつ感情的です。優れた教師を見て一番頭が下がるのは、彼女らが巧みに関係性豊かな学びのコミュニティーをつくり出すのを見たときです。

学びのコミュニティーとしての知的環境は、単に「スキル」を身につけさせるだけではありません。他者を思いやるだけでなく自分も安心して話せること、そして積極的に言葉で表現し合うことができるようにも働きかけているのです。私はこれら二つのゴールを同時に達成する教師たちを多く見てきました。両者は相いれないゴールでは決してないのです。

数年前、メアリー・ローズ・オライリーの『平和な教室（*The Peaceable Classroom*）』を読みましたが、その書き出しは次のようなものでした。

> 人々が互いに殺し合うのを止めさせるような言葉の指導ができているかどうかを、ときどき自分に問いかける、そんな教師になりたいと思い続けている。[*105]

はじめてこれを読んだときには自分の教師としての歩みを振り返りましたが、若さゆえに理想主義的過ぎると思い、それを心の奥にしまい込んでいたのです。

しかし、教師が使う言葉の研究をする中で、たまたまこの本を読み返したときに、私は自分が間違っていたことに気づきました。オライリーのような考え方こそが、現実的であり基本的なものだったのです。

ある教室で私は、図書館から本を借りてきた子どもに気づきました。教師はその子を見てプロジェクト(7)に必要な本が見つかったかどうかを尋ねました。彼は元気よく何と答えたと思いますか？「まだです。でも、友達のリチャードが使えそうな本は見つけたよ」と言ったのです。

別の学校において、私は、小学四年生が理科と道徳に関する深い哲学的対話に一時間以上も取り組んでいるのを見ました。しかも教師の手助けはわずかしかありませんでした。

また別の学校では、情緒的に不安定だった子どもが、だんだんとクラスをかき乱さなくなっていき、前のように感情を爆発させることがなくなっていきました。四か月ほどかけて、他の子どもたちと同じように活動できるようになったのです。

絶え間なく行われる試験のプレッシャーに直面しつつも、これらの教師たちは、オライリーがイメージしたものを何かしら成し遂げていたといえます。もちろん苦労がなかったわけではないでしょう。教室の子どもたちの手助けにより達成できたこともあったはずです。

こういった教師のスキルの本質を探究していく中で、私は子どもが「そう言わなければならなかったこと」にとくに興味をもつようになりました。

あるとき同僚のローズ・マリー・ウェーバーが、コーネル大学の大学院生だったときのできごとを次のように話してくれました。小学一年生の子どもたちに紹介された場面で、一人の女の子が自分の父親は大学院で博士号を取得中だと言ったそうです。その場にいた教師はウェーバーも同じだと気づきましたが、その少女は「ウェーバーさんはdoctor of philosophy（「博士号」の英語での言い方）はとれないよ。とるとすれば、女の人なのでnurse of philosophyじゃないとね(8)」と真剣に言ったというのです。

ウェーバーはのちに国際読書学会(9)の殿堂入りをしたほどの学者なので、今となっては笑い話です。しかし、この話はユーモアとして捉えられるだけではなく、悲観的にならざるを得ない部分があります。それは、女の子である彼女自身が医師（doctor）になれるとは想像できなかったことです。もちろん男の子である兄が看護師（nurse）になれることも想像できなかったに違いありません。

何もないところからこういった考えがうみ出されたわけではないのです。彼女はこうした考えを、自分のこれまでの言語的環境（あるいは、言語だけでないもっと幅広いやり取りや会話(10)）からつくり出したのです。

子どもは、自分なりの言い方で、私たちにクラス内で起きている言葉でのやり取りについて教えてくれています。私たちは、子どもたちが言ったことについて、彼らが育ってきたどんな環境がそれを言わせたのかを考えてみる必要があります。さて、どんな経験を重ねると子どもが次のように言うようになるでしょうか？

「その本を他に気に入りそうな人はいますか？」と聞かれたときに、ある子は「たぶんパトリック。（中略）彼は声を上げて笑ったりはしないよ。ほほえむこともあんまりないんだ。でもこの本を読めば、彼はほほえむかもしれないね」[*5]と答えました。

別のある子どもは自分自身について、「私は教室でもっとも低いレベルの一人です。本当にダメなんです。（中略）クラスメイトのほとんどは私よりレベルが上です。（中略）私にはピーター・ウイリアムズという友だちがいます。ピーターは、私が彼と一緒に本を読むかどうかなんてことは気にかけません。でも彼は、いつも私を助けたり、他にもいろいろしてくれたりするんです」と言っています。なぜこのように言うのでしょうか？

また別のあるクラスでは、「私は、ミステリーや冒険もの、サスペンスを読むのが好きです。また私たちが毎日世話をしている動物についての本を読むことも好きです。（中略）バリーはスポーツの本が好きです。アミーは馬やイルカの本が好きです。アマンダは、ハッピーエンドの作品が好きですが、私は終わりのないストーリーが好きです」[*71]と話しています。この子どもはどのようにして自分自身を読み手として理解できるようになったのでしょうか？

また、どのような教室での会話が次の反応を導いているのでしょうか？「（最近）僕はより多くの単語の発音の仕方を学びました。(中略)前よりももっと早く読むための方法も。(中略)僕はもっとたくさんの単語の発音の仕方を学びたいんです」[*142]。

教師は、子どもとの会話を取り上げ、つなげ、発展させるのを計画し実行する重要な役割を担っています。話すことは、人が言葉を使って、対話する際に使う中心的な道具です。話し方を通して、教師は子どもたちの活動や経験を仲立ちしていきます。教師の話し方によって、子どもの「学習」「言葉」「生活」「自分自身」に対する意味づけがなされる部分が多分にあるのです。

事例

少し長めの例を挙げて、私の考えを紹介しましょう。リーディング・リカバリー・プログラム(11)の中での教師と子どもとのやり取りの記録をよく読んでみてください[*86]。

メアリー先生　あなたは「I will to my friend, the car driver.」と読み上げたけれど、この単語は will に似ているかしら?

メリッサ　いいえ。

メアリー先生　その単語が will だとしたら、あなたならどんなふうに書きますか?

メリッサ　W, L.

メアリー先生　あなたが見ているのはどのような文字の並びかしら?

メリッサ　W, A, V, E.

メアリー先生　この絵を見てください。その少年は何をしている?　また、運転手は何をしていますか?

メリッサ　彼らはお互いに手を振り合っています（waving）。

メアリー先生　それを表す単語は何だと思う?

メリッサ　手を振る（Wave）。

メアリー先生　「手を振る」で文章の意味はとれるかしら?

メリッサ　私は友達のその運転手に手を振りました。

メアリー先生　「友達のその運転手に手を振りました」は正しいと思う?

メリッサ　はい。

メアリー先生　その単語も間違いないかしら?

メリッサ　その文字の並びは、「手を振る」という意味です。

メアリー先生　よくできました。あなたの問題の解き方はよいやり方だったわ。

私はいくつかの点でこの会話に感動しました。

第一に、教師は直接的には子どもに何も教えていません。

第二に、教師は二つのことを順序立てて子どもに気づかせました。一つは、知識を得させるために子どもの注意を異なった根拠（証拠や論理）に向けさせたことです。もう一つは、自分の感覚と根拠を示す情報源との間の矛盾に気づくことの重要性に目を向けさせたことです。

第三に、教師が主要な役割を果たし協力したことで子どもは理解できたのですが、最後の「あなたの問題の解き方はよいやり方だったわ」という発言によって、子ども自身が達成したことにしています。この最後のステップによって、メリッサがものごとを達成した主人公として、その出来事を彼女が振り返り、語る機会が与えられるのです。さらに、メリッサが今の自分以上になれるように、この教師は彼女とともに物語を紡いでいるのです。

意味をつくること、人を育てること

母親は赤ちゃんと触れ合う中で、赤ちゃんの「発話」から意味をうみ出しています。赤ちゃんがまだうまく話せないという事実は、母親が赤ちゃんと会話をする妨げにはなりません。「うまうま」という発声を聞いて「ミルクがほしいの？」と言うように、母親は赤ちゃんに社会的な意志や反応があるとみなしています。

雑音のような赤ちゃんの反応はでたらめではなく、まるで状況に応じて意図的に振る舞っているかのようです。母親も、赤ちゃんのことを感覚をもった社会的な存在、つまり自分の会話のパートナーとして位置づけています。このようなやり取りによって、母と子は共同で、赤ちゃんの言語や社会的な発達を構築し、他者との将来的な交流の基礎を形づくります。こうして赤ちゃんは、「自分はどのようにかわいがられるのか」や「他者とどのように関わっていくのか」を予想できるようになっていくのです。[*119・125]

教室の中でも同じです。教師は、子どもの話や行動から何かをうみ出さなければなりません。教師はまず自分で意味をつくり出し、子どもにそれを提示します。教師は意図的にさまざまな世界観、立場、アイデンティティー[(12)]を提供するのです。

たとえば、本についての話し合いがうまくいっていないグループがあると想定してみましょう。教師は、子どもに何を言うか決めることになりますが、何と言うでしょうか？

多くの場合は、「そこのグループ。作業に戻りなさい。終わらないと、休み時間にやってもらいますよ」と言うでしょう。一方で、「そんなにうるさいと他のグループの邪魔になります。あなた

表1－1　問題行動に対する教師の発言の違いによって、子どもに暗示されること

教師の発言 ／ その発言で暗示される内容	そこのグループ。作業に戻りなさい。終わらないと、休み時間にやってもらいますよ。	そんなにうるさいと他のグループの邪魔になります。あなたたちにはがっかりです。	あなたたちらしくないわね。どうしたの？分かったわ。どうしたらその問題が解けるの？
ここで私たち(1)は何をしているのか？	仕事する	ともに生活する	協力して生活する
私たちは誰か？	奴隷と支配者（雇い主）	他者の感情に気遣う人たち	社会的な問題解決者、尊敬に値する人たち
私たちは授業の中で相互にどう関わるのか？	権威による支配	同様の権利をもつものとして尊重	自分たちの問題を解く
私たちは学んでいることとどう関係づけられるか？(2)	強要されてするだけ（否定的）。	（どちらかといえば否定的）	（否定的でも肯定的でもない）

(1)　ここの「私たち」は、教師と子どもたちの両方を含んでいます。
(2)　著者の補足によれば、学習に向かう感情のことを指しているようです。

たちにはがっかりです」と言うかもしれません。または（そうです、教師には常に二つ以上の選択肢があるのです！）「あなたたちらしくないわね。どうしたの？　分かったわ。どうしたらその問題が解けるの？」と言うのかもしれません。

　これらの教師の発言は、「私たち（教師と子どもたち）はここで何をしているのか？」「私たちは誰か？」「私たちは、授業の中で相互にどう関わるのか？」「私たちと学んでいることをどう関係づけるか」という点においてそれぞれ異なっています。どの反応も、教室の中での実質的なやり取りを変える可能性をもってい

るのです。こうした選択肢がもたらす結果を少し詳しく分析したものが**表１－１**です。

言い換えれば、言ったことは「内容」をもっています。しかし「話し手についての情報」も運んでおり、聞き手や相互の関係をどのように見ているのかについても示しているのです。ハリデーは、前者を「観念構成的側面」、後者を「対人的側面」と呼びました。*58・(13)

これらは言葉というものが、常に「特定の活動や、特定の会話へ参加するための招待状」であることを示しています。教師が質問を発し続けるのは、「教師は質問する人」「子どもは質問に答える人」という特定の立場に彼らを置き続けるからなのです。(14)

明確化すること

言葉で伝えることは多くの効果をもっていますが、近年もっとも注目されているのは、教師が使っている言葉の「明確化」*32・75・111・113です。

子どもが知識を得る必要がある場合に、「教師が一方的に子どもが知っているべきことを想定して」、子どものことを考えるべきではありません。なぜなら私たちは、子どもが知らないときでも「それを知っている」と考えたり、「子どもたちなりのやり方でそれを知っている」と思い込んだりしがちだからです。

幼稚園児に「その単語の最後の文字の音は何ですか？」と聞くときには、「文字」「単語」「音」（話すときに発せられるもの）、「最後」（文字は左から右へと並ぶという知識を要求する）の概念を多くの園児がはっきり知らないことを忘れています。また、文字は音声と複雑な関係をもつことを園児が知らないことも忘れています。[*25]

マーガレット・ドナルドソンは、『子どもたちの思考[*37]（*Children's Minds*）』の中で、「あなたが何かを知っていればいるほど、その知識のせいで、他者のことを考えずに行動するリスクがより高まってしまう。したがって、教師と学習者の間のギャップが大きければ大きいほど、教えることはより難しくなる」と述べています。

異なる文化的背景をもつ人々が交流し合う中で、私たちはしばしば困難に遭遇します。最近インドの結婚式に出席したのですが、筆者はそこでいろいろ失敗してしまいました。受付の列に進んだときに、結婚式に出席している女性と握手しようとしました。しかし、それは、彼女らの普通のあいさつの仕方ではなかったのです。しかもふだん男性とそのような接触をすることもないため、彼女を不快にさせてしまいました。

マイノリティー（文化的少数派）としての経験は、私たちに「異なった人々は異なった方法を用いる」ということを思い出させてくれます。マジョリティー（文化的主流派）の教師は、他の文化圏の子どもが、「ここではなぜこのようにするのか？」を理解することがどれほど難しいのかにまったく気づくことができません。[15] マジョリティーの私たちは、そういった困難にさらされていないため、みんなが話したり行ったりしていることを当然のこととして捉えるのです。そのため自分たちがどういう行為をしているのかについていちいち明確化して述べることはありません。なぜなら、会話のルールの一つは「互いが知っていることはわざわざ言わない」ことだからです。[*55] しかし、マイノリティーの子どもにとってはそれが当然のこととは思えないため、ものすごい苦労をしなければなりません。

言い換えれば、私たちが「明確化していること」よりも、「明確化していないこと」の方がより多いということです。そのため、私たちは明確化しようとすると困惑します。だからこそ、よく考えて明確化することが重要になってきます。しかしそれでもなお、明確化するためには多くの困難があると言わざるをえません。私たちはすべてのことを明確にはできません。「相手がまだ知らないこと」や「興味をもつかもしれないこと」を、はっきりと教えるのを控えるのが会話のルールなのです。つまりこれは「何を明確にするかを決めるには、聞き手についての知識がどうしても必要である」ということを意味します。子どものニーズにうまく応えている教師は、その子に関する知識をしっかりともっているのです。[*5・67]

「明確にするだけで指導はもっとよくなる」という思い込みは、言葉を話すということを「情報や知識を味気なくパッケージ化して運ぶ単なるシステム」とみなしています。ですが、このような考え方はまちがっています。社会的な交流の中で言葉を話すということには、それ以上の働きが含まれています。たとえば、人に何か話すということは、目に見えない犠牲を払っているということでもあります。なぜなら、子ども自身で理解できるにもかかわらず教師が教えてしまえば、その子の主体性や自立心の感覚を形成する機会を奪ってしまうからです。その結果、教師や子どもの関係にも影響を与えることになるでしょう。

想像してみてください。あなたが自分で何かを理解していくときには、ある種のスリルないし興奮をだんだんと感じるようになっていくはずです。こういった成功体験を積むことで「ものごとを理解することは、自分にもできることなのだ」と考えはじめるかもしれません。あなたはものごとを理解するのが得意なタイプなのかもしれず、主体的なアイデンティティーを養えるようになるかもしれないのです。

「何も聞かれずに、やるべきことだけを指示される」ということは、これとはまったく逆になります。「何をしたらよいか」や「どうやればよいか」を明確にされてしまうと（しかもそれが何度も何度も繰り返されると）、自分が「できること」や「できないこと」、さらに自分が「誰であるのか」について、本来とは違った感情（本来とは違った物語の基盤）が提供されてしまうのです。つまり、自分のことを「ものごとを理解できないタイプの人間」と解釈するようになるのです。こう述べるには疑いようのない理由があります。近年の研究では、優れた教師は講義形式に多くの時間を割かないことが明らかになっているのです。[*132]

教師は、「いつ」「誰に」「何を」明確化するのかを決めなくてはなりません。十代の若者たちと接する機会のある者ならよく知っているように、明確にすればするほどはっきりと抵抗されます。ときには、正面から挑むよりも裏口から挑んだ方が効果的な場合があるのです。明確化しても必ずしも効果的な学習をうみ出すことにはつながりません。たとえば、男らしさや女らしさという感覚は、行為や感情や価値観をいくら特別に明確化して指導しても、それが形成されることはほとんどないのです。私たちが実際に、男女間で差のある社会的な言葉のやり取りに巻き込まれている方がずっと大きな影響を及ぼしています。[*77・84]

本書を通して、私たちが経験しているこういった会話の詳細を解きほぐすことに（明確に⁉）挑戦したいと思っています。

話すことは行為すること

話すことは、人を棒で殴ったり[(16)]抱きしめたりすることとまったく同じような「行為」です。[*8] 聖職者・祈祷師・ラビ・導師は、二人の人間を「夫と妻だ」と宣言することで、夫婦にするという「行為」を行っています（ここがポイントです）。

教師は、ある子どもに「教室の詩人」と名づけ、詩人らしいマントを着せることでも実は同じことができます。その子は脇目も振らず、詩人がやっていると思うことをやり始めるかもしれません。私は、多様な子どもたちが含まれているグループを教える都会の高校教師のことを思い出しました。一人の生徒が書いた詩を読んで、その教師は「あなたは本当に詩人そのものだわ」と言ったのです。こう言われるまではその生徒は勉強ではまったく成功を収めていませんでしたが、小さな詩集を後ろのポケットに入れて持ち運び、たくさんの詩を書き始めるようになりました。

教師は「詩人」と表現することで、生徒が「詩を読むタイプの人間」になる可能性のドアを開けたのです。さらに、詩人という前提での生徒とのやり取りを深めることを喜んだに違いありません。

言葉とは、単にものごとを表す記号ではありません（もちろんそれはそうなのですが）。それは「ものごと」や「人」や「世界」を構築するものなのです。現実をつくり出し、アイデンティティーをもたらすものなのです。「頭がいいね（smart）」と言うことと、「じっくりと考えるね（thoughtful）」と言うことはまったく異なります。これらのフレーズは、「私は誰か」「人は私のどんな行為が好きなのか」という点について異なった見方をもたらします。教室での言い方が変われば、人に対する見方が変わったり、やり取りの方法が変わったりするのです。

言葉は、人々を他者との関係の中に位置づけるために機能しています。[*31・80] たとえば、ある教師は「自分は教室で知識を与える者」「子どもは知識を受け取る者」として位置づけるかもしれません。

いまだにさまざまな場所で見られる古典的な例をあげれば、「教師は自分がすでに知っていることを質問し、子どもはそれに答える。そして子どもが正しいか間違っているかを判定する」というやり取りをしています。(17)

教師は子どもを「競争者」にも「協力者」にも位置づけることができます。教師自身を「審判・情報源・コーチ・サポーター」などどんな役割にも位置づけることができるのです。教師は、単語・フレーズ・比喩（〜のようだね）や、それらを使ったやり取りを選択することによって、子どもたちに、一人で、あるいは仲間たちと一緒にやった方法や、別の方法を呼び起こしたり思い出させたりするのです。

同じように、子どもが「何を行い」「何を学習しているのか」に関して、教師の話し方一つでその価値づけを異なったものにすることができます。読むことを「作業」として話せば、それが暗示するのは「楽しいもの」として話すときとはまったく異なります。同様に、自由に選択できる時間があることを話すときに、「しかし最初に読み終えなければなりません」と言ってしまえば、「〜しなければなりません」という言葉によって、読むことが簡単につまらないものになってしまいます。

言葉は人間関係の中で操作するものですが、その関係に影響を与えることもできるものです。したがって、自分自身や互いについて考える方法にも影響を与えます。言葉は、私たちの認識（感覚器官から私たちの脳へ来る神経刺激をうみ出す感覚）*85・99 を形成することすらできるのです。

「会話は人間の認識システムの中心を貫いている」[*60]ことに疑う余地はありません。私たちは主体的に知覚情報を探すことによって、私たちの現実の構築に必要な情報を入手しています。まさにその瞬間、私たちは新しい情報を探すことによって、「私たちは誰なのか?」を形づくる物語(18)をつくり出しているのです。そして物語の真実味も保証しているのです。

言い換えれば、「教師と子どもが教室で使う言葉にはとても強い力がある」ということです。私のねらいは、教師と子どもの会話に現れた単語やフレーズを探ることで、それがどのような力をもっているのかを明らかにすることです。単語やフレーズは、教室の会話全体を包み込んでおり、かなりのパワーを行使しています。子どものリテラシー(19)や知的な発達をも補うものなのです。

本書の残りの部分では、教師によって使われた(あるいは意図的に使われなかった)多様なフレーズや言葉をリストアップし、なぜそれらが重要なのかを説明していきます。いくつかの言葉やフレーズは複数の分類にまたがるかもしれませんが、もっともよく説明できると思われる分類で提示します。それらは単なるやり取りの断片ですが、ある意味、言語的な家族性(20)の代表的事例と考えています。それぞれの言葉は表面的な形式は異なっていても、同じ分類の中では家族のように何となく共通するような特徴をもっていたり、共通する社会言語学的・発生的な要素があったりするのです。[*116]

こうした言葉の事例の重要さを説明することは、おもに言説心理学[*59・60]、ナラティブ心理学[*19・42・47・96]、談話(discourse)分析[*31・114]、会話(conversational)分析[*63]といった関連する学問を利用することでもあります。

これらの学問と同じことを述べるのですが、私は次のように考えています。それは、教師と子どものやり取りこそが、リテラシーについての「概念」や「実践」や「可能性」を幅広く理解する素材をつくり上げると同時に、提供してくれるということです。さらに、そのやり取りによって、子どものアイデンティティーが形成されるということです。なぜなら、それぞれのやり取りは「一人ひとりの自叙伝の一部になる」[*31]ことなのですから。

しかし、これらの学問に慣れ親しんでいる読者には、私がはじめから無謀なことをしているように見えるでしょう（たとえば、私が扱ったこれらの言葉の断片から、やり取りの場にいる教師や子どもたちの使った文脈を抜きにして、あたかも自分勝手に意味をつくり出しているかのように見えるかもしれません）。もちろん、そんなことができるはずはありませんが、巻末の資料でこの問題に対して埋め合わせをするつもりです。それまでの間、私の話にとりあえずお付き合いしてほしいと思います（もし、それが難しければ、資料Aを読んでください。もう少し説明を加えています）。

注

(1)　人間性（character）には、本書および続編で扱っている多くの特性が含まれます。アイデンティティー、主体性（agency）、態度、ふるまい、心性（disposition）、マインドセット（思考様式）、パーソナリティー、気質（temperament）、価値、信念、社会的・感情的スキル（自己観察・管理能力や人間関係形成能力）など。ある意味では、学ぶことを通して得る知識やスキル以上に、各人の人生を左右するものであるとさえいえます。それらについて、教室で、教師の言葉を介して、刺激を受けたり、練習したり、磨いていけたりするというのですから、とても心強いです。

一方で、教師が意識することなく言葉を使っていると、負の影響を及ぼしかねませんから、とても恐ろしいものでもあります！　この点については、本書でも扱われています。特に第八章（207〜210ページ）をご覧ください。

(2)　この語りかけは、シェークスピアの「ロミオとジュリエット」「ハムレット」の言葉を借りて、この教師がつくり出したものです。

(3)　訳者の一人にとっての、この類の例は、絵本の『てん』（ピーター・レイノルズ作、谷川俊太郎訳、あすなろ書房、二〇〇四年）に登場する教師が、図工の時間に何も描いていない生徒の用紙を覗き込みながら言った「あら！　吹雪の中の北極熊ね！」です。このユーモアのセンスには、驚かざるを得ませんでした。

(4)　子どもたちに提供すべき学習環境と言ったときに、すぐに「物理的環境」は思い浮かべますが、「言語的環境」を思い浮かべることができる人は少ないと思います。この本のテーマは後者です。

(5)　フレーズ（句）は、単語（word）より大きく文（sentence）より小さい単位のことです。

(6)　著者に、この「複雑な学習」とは何かの説明を求めたところ、「学校は、単に子どもたちに知識やスキルやさまざまな方法を学ばせるところではありません。他にどのようなものが含まれるべきか、この本を読み終わるまでに理解してくれることを願っています」という返事がありました。

(7)　プロジェクト学習は、日本で一般的に行われている「調べ学習」と大分ニュアンスが違います。もっとも違う点は、主体性のありかです。調べ学習は、問い自体、子ども自身が立てたものというよりも、教師から提示された場合が多く、はじまる前から教師が答えを知っているようなものが多いのではないでしょうか。それに対して、プロジェクト学習は子どもたちが自らの問いを設定して、それを探究するといった感じです。したがって、過程自体がおもしろいだけでなく、多様で魅力的な成果物や発表などもうまれます。リチャードにまつわる発言も、そうした経緯からうまれたものです。

(8)　博士号の学位のことを「doctor of philosophy」（Ph. D）と呼びますが、これは必ずしも医学だけではなく、看護学や文学や化学など多くの博士号でも同じです。「nurse of philosophy」といった言い方は存在しません。

(9)　二〇一四年一月から名称が国際リテラシー学会に変更されました。

(10)　やり取りには、言語が使われるだけでなく、目線や体の向きや表情といったボディ・ランゲージや、図や絵といった視覚的な情報も活用されるため、ここでは言語だけでないことが補足されています。さらには、偏見や価値観、社会が規定する当たり前のことなども含まれます。

(11)　リーディング・リカバリー（Reading Recovery）というプログラムについては、「一九七〇年代にニュージーランドのM・クレイ（Marie M.Clay　一九二六〜）によって開発されたものであり、現在では、同国の国家的な教育制度に公的なかたちで取り入れられている。そのほかにも、オーストラリア、イギリス、カナダ、アメリカ合衆国などの英語圏を中心に広く普及をみている。リーディング・リカバリーとは、初等教育段階の低学年時において、通常クラスの授業を受けているにもかかわらず、そこでの学習を困難とする子どもたちを対象に実施される回復指導である」（谷川とみ子「M・M・クレイのリーディング・リカバリー・

プログラムに関する一考察――英語圏における読み書き能力の回復指導」『京都大学大学院教育学研究科紀要』49、181ページ）と説明されています。言語スキルのドリルではなく、実際の物語を読むことに力点をおき、意味内容を求めた問題解決の過程を重視します。

(12) 「アイデンティティー（自己形成／自己認識）」は一般的には各人が「形成する」「認識する」ものであって、教師も含めた他人が「提供する」ようなものとは捉えられていません。ここで言わんとしていることは、「教師は、子どもが話し、行うことの中から見出した価値ある何かを、その価値に気づいていない子ども自身に示すことで、子どもが自分のアイデンティティーを形成するのを助ける」（著者）ということです。

(13) M・A・K・ハリデーによれば、前者は「学習」や「情報」に関わるものとされ、後者は「行動」に関わるものとされます。両者を目的として人間は母語を習得するだけでなく、あらゆる発話に両者が同時に備わっていると指摘しています。

(14) この点について詳しくは、本書の第6章（とくに、141～149ページ）を参照してください。

(15) 日本の学校でも、平成二六年には外国籍で日本語が話せない子どもは約三万人弱、日本国籍で日本語が話せない子どもは八〇〇〇人弱おり、年々増加傾向を示しています（文部科学省「日本語指導が必要な児童生徒の受入状況等に関する調査（平成二六年度）」の結果について」教育委員会月報、第六七巻四号、二〇一五年、1～24ページ）。多言語や多文化の問題は日本でも大きな問題となってきています。

(16) 「棒や石は骨を断つかもしれない」という巻頭の詩を参照してください。

(17) この点について詳しくは、本書の第6章（とくに、141～149ページ）を参照してください。

(18) 原著では narrative となっています。著者から訳者への説明によれば、「自分自身の物語を話したり、自分自身を特定のキャラクターに描いたりすることで、自分自身のアイデンティティーを「つくり上げる」ことであるとされます。

(19)　リテラシー（literacy）とは、狭い意味では「読み書き」と解釈されますが、この本の中で著者は読み書きが起こるやり取り全体、あるいはそれがもたらす関係性やアイデンティティーまでを含んだ概念として使用しています。

(20)　言語的な家族性（linguistic families）とは、ものごとを分類するときに明確な分類基準を立てることは難しくても、たとえば親子や兄弟などの家族はなんとなく似ており一つのグループとしてまとめられるといった考え方です。哲学者ヴィトゲンシュタインが「家族的類似」として提唱したものが大本にあると思われます。ここでは、本書の語やフレーズの分類も同じようなものだと述べています。

第2章

気づくことと、名づけること

言語は、知ることにとって不可欠な要件である。知るというプロセスを通して経験は知識になる。

ハリデー*57

人が何らかの活動に見習い(1)的な立場でかかわれば、その活動の鍵となる特徴や、その意義の重要さについて自然と理解していきます。

幼児は、「これ何？　あれ何？」と質問するようになりますが、それは子どもが「ものごとには一貫した名前がある」と発見したときです（もちろん、幼児は質問することで社会的なやり取りをどうコントロールするかについても学びますし、それを楽しむことも学びます）。

「気づくこと」や「名づけること」は、コミュニケーションを行ううえでの中心的な部分です。しかし、それはまた、何か特定の活動ができるようになるためにも重要です。

研修中の内科医は「どのような兆候に気づけばよいか」「特定の兆候をどのような症候群として名づけるのか」「ある薬を他のものとどう区別するのか」「兆候が異なれば薬をどう変えるのか」ということを学ばなければなりません。

教師になるためには、「子どもの学習がうまくいったり、いかなかったりしたときに何を言うのか」「子どもたちの書く自己流の言葉(2)は彼らが知っていることの何を示すのか」「子どもが活動に前向きに参加していないときには、それが何を意味するのか」などについて知る必要があります。私たちは、言葉にはそれを使いこなすうえで重視すべき特徴があり、学習する領域によっても異なっているということに、子どもたちの注意を向ける必要があるのです。(3)

こうしたパターン認識の力はとてもパワフルです。ひとたび私たちがあることがらに気づきはじめると、それを見逃すことは難しくなります。知識というものは私たちの知覚に実際に影響を与えています。*60 裏を返せば、同じものごとについて異なった「名前をつける」ことができるとも言えるでしょう。

たとえば、医師の養成校が異なれば気づく内容も異なるため、それぞれの症候群に大学ごとで違った意味づけをするでしょう。教師の場合も教員養成校が異なれば、同じようなことが起こるはずです。二人の教師がそれぞれ異なった考え方をしていれば、子どもが「慣習的に正しいスペル」で書けないとき、それぞれ別の言い方をするはずです。ある教師は「間違っている」と言い、ある教師は「途中まではできるようになったね」と言うかもしれないのです。(4)

心に浮かぶことに関して多くの語彙や言語がある社会もあれば、少ない社会もあります。感情について話したり確認したりすることが習慣化しているコミュニティーもあります。感情もまた社会的に共有されているのです。要するに、私たちは「感情とは何か」を学び、それ以上に「感情の意味」を明らかにしようとしているのです。

こうした感情は、さまざまなできごとを通して、あるいは他者との関わりの中で身体的な反応として表れます。どのように感情的な反応が起き得るのかについて、体験を通して学んでいると言えるでしょう。つまり、「それらの感情を何と呼ぶか」「それらの感情をどのように捉えるか」「それらについて話し合うべきかどうか」などについて学んでいるのだと言えますし、それらの関連性も学んでいるのです。

大人の手助けさえあれば、子どもは自分の注意を向けることのできる範囲を徐々に広げ、学んでいくことができます。注意のシステム(5)というのは、多くの点で「知識獲得の門番[*51]」と呼ばれるほどです。このような理由から私は、子どもにはとくに「言葉」や「言葉の意義」に気づいてほしいと思っています。

ものごとに気づいたり、名づけたりすることは、入門期において重要なことですが、もちろん、そうしたことをしなくても学ぶことはできます。言葉というものは、その最たるものです。私たちは言葉を習得していきますが、小学校の入学時にはすでにそれを用いるめざましい能力を得ています。同時に、そのことにはほとんど気づいていません。ただ、まったく気づかないというわけでもありません。子どもが嘘をついたり冗談を言ったりできるのは、「言葉を使えば現実とは違うことを意図的にうみ出せる」ことを知っているからにほかならないのです。

しかし多くの子どもは、このようなことへの気づきが、小学生のときからほとんど変わらずに高校を卒業してしまいます。自分や他者に対して言葉を効果的に使う準備ができないままになっているのです。これは子どもたちが、広告主や政治家や作家などに言われるがままになっていることを示しています。また、言葉のやり取りを積み重ねることがどんな影響を及ぼすのかにも気づかないままでいるのです。

こうした関係についての理解にまで至らないことが、言葉を通してこれまで続けられてきた「不平等」「偏見」「特権」といった社会正義の問題に取り組むことができないという社会状況をうみ出しているのだと言えるでしょう。

私たちの責任は、この点に気づき、子どもたちが行動を起こせるように手助けするところにあります。私たちはすべてのことには気づけません。けれども、「気づくことにはどんな価値があるのか」「なぜそうなのか」を理解するために、手助けをすることはできます。こうした責任は、子どもと一緒に共有することにこそ価値があるのです。子ども自身以上に、こうした手助けをすることに適する人がいるでしょうか？　子どもがもっと多くのことに気づき、教室の注意がそれらに向くようになればなるほど、教師は「私の言うことが大切」というマントを身にまとう機会が少なくなるのです。(6)

本書ではこのあと、教師の話し方の事例を取り上げ、子どもやクラス全体に対する影響を示していきます。教師による発言の実例を小見出しとして掲げた後に、その意義について分析と解説を加えていきます。

自分で気づけるような言葉がけをする

「誰か〜に気づいた人はいますか?」

子どもたちが自ら気づくことができるようになるためには、「どんな種類のことに気づくことができるのか」、「それらにどんな名前をつけるのか」についての理解をうながすことが重要になります。たとえば次のような問い方があります。

・誰かおもしろい単語に気づいた人はいますか?
・似ている単語に気づきましたか?
・文章やページの中の、新しい単語の並べ方についてはどう思いますか?

自分自身がしたことに注目させることでも理解をうながすことができます。たとえば、次のように。

・誰か最近学習した中で好きな単語を使ってみた人はいますか?

・誰か違った書き方を試してみた人はいますか？
・誰か違った読み方を試してみた人はいますか？
・誰か新しいキャラクターを創作した人はいますか？

これらの質問のねらいは、新しい可能性に挑戦する習慣を日常化する点にあります。つまり、子どもがすでにできていることを超えて、さらにその能力を伸ばすことになるのです。「言葉の世界」や「自分自身」や「他者」について観察し、ものごとの可能性に気づくこと（つまり、気づくことができるようになること）によってはじめて、異なったものごとに気づいた子ども同士の話し合いがはじまるのです。

「あなたはその単語の書き出しを知っていますよね」

子どもが「farm」（農場）という単語の書き出しを「fo」と書いてしまったとき、どんなことを言われるでしょうか？

もっとも重要なことは、「どこができているのか」を確認する（確認し続ける）ことです。同時に、「学習者が今もっている力」を示してあげることです。そうすることで子どもは、新しいことを学ぶ自信をもてるようになるのです。

マリー・クレイは「部分的に正しい」と表現することでこの問題について言及しています[*26]。その重要性についてはどんなに強調しても強調しすぎることはないでしょう。

プラス面に焦点をあてることは、何も新しい考え方ではありません。しかし、子どもの反応があなたの期待とは違っていたときに、このことをすぐに思い出すことは難しいのです。

実際、一方的な期待やスタンダード（到達目標）に頼れば頼るほど、子どもたちに起こっているプラス面に気づくことは難しくなります。私はかつて、小学三年生のスペリングはどのようなものであるべきかと尋ねられたときに、「それを知ることで誰かの指導の助けになるのだろうか」（あるいは、逆に妨げてしまうのではないだろうか）と不思議に思ったものです。

確かに、一定の水準を期待して教えることは、それができている子どもには肯定的なフィードバックを与えることになるでしょう（ただし、すでに水準を超えているので新しい学びがもたらされるわけではありません）。一方、それ以外の子どもには否定的なフィードバックを提供することになってしまいます。

大切なことは、子どもが自ら気づくことができるようにうながすことです。子どもが「どこがうまくできているのか」、とくに、うまくできている「最先端の」学習内容に気づくことが大切です。ここでいう最先端とは、子どもたち自身がたどり着いている場所のことで、彼らが自分の限界を超えて知識を広げ、部分的に正しいことをうみ出しつつある場所のことを指しています。それこそが新しいものごとを学ぶための発射台となるのです。

まずは「正しい部分」や「意味をなしている部分」に気づくこと、これは、子どもを伸ばすために必要なことです。たとえば、子どもに対して「自分の文章の中で、不確かな言い回しや言葉を見つけて、それ以外の自信のある部分に下線を引くように」と言ってみます。こうすれば自然に、正しくない部分について、別の書き方を探すようにうながすことができます。

同じ原則は、社会的なリテラシーを育成していくような実践に応用できるでしょう。たとえば、私たちがこれから見ていくグループ学習の過程の分析にも使えます。

もちろん私は、このようなやり取りの重要性を必要以上に強調しているわけではありません。ですが、幸福感に満たされた子どもは、物語を語るときに、否定的な結論や感情を述べにくい傾向があります。[*42] 子どもの注意を、うまくできていることに向けるように習慣づければ、自己効力感[*9]や「主体性」を発達させることにもつながるのです（第4章を参照）。

「新年度の第一週目に、学校の中をクラスで移動するときに静かに歩く練習をしたのを覚えていますか？　今は自然にできていますね」[*5]

この教師は、子どもたちの学びのプロセスにたびたび注意を向けさせています。コミュニティーの一員として、学び手として、読み手として、そして書き手として成長し変化していることに気づかせることで、「何者かになる」プロセスの最中であるということを子どもたち自身に示しているのです。この種の問いかけには次のようなものがあります。

・書き手としてあなたはどのように変わりましたか?
・次にうまくやるにはどうすればよいと思いますか?

学習や行動の変化に注意を向けさせることができれば、子どもが今後の学習を計画できるようになるという利点が生じます。次章で取り上げますが、いったん、子どもが「常に学んでいる」という感覚をもって、しかもその学習の証拠が提供されれば、教師は「過去の学びのプロセス」も詳しく尋ねられるようになるのです。そればかりでなく、「将来の学習のポイント」や「それを実現するための今後の計画」についても尋ねることができるようになるのです。

分類や「同じ・違う」から気づきと名づけにつなげる

「これはどんなジャンルの本ですか?」

子どもたちに、ある本や文章を分類するように言うことは、本や文章には他のジャンルがあることに気づかせることを意味します。分類の仕方も含めて、ものごとを分けてとらえることについての会話がうまれるのです。たとえば、どんな本や文章と似ているのか、あるいは似ていないのかについて質問するときには次のような聞き方ができるでしょう。

・これに似た他の本や文章を読んだことがありますか？
・これと同じテーマの本が他に何かありますか？

キム・ダハメル先生は、子どもが読んでいた本の種類について考えさせたいときに、「ジャンルごとに自分で分類してみてください*64」と言いました。これによって、異なった種類のジャンルや、ジャンル同士の境目がどこにあるのかに関する話し合いがうまれ、文章の構造に関する理解が子どもたち全員に広がっていったのです。

同じような方法でトレーシー・ベネット先生は、ミステリーを学んでいる子に対して、ミステリー小説を書かせるために次のように言いました。

シリーズ本の『ベイリー小学校の子どもたち(7)』と『ボックスカー・チルドレン(8)』はどう違うと思いますか？

その後の話し合いでは、テレビドラマのミステリーについても言及がなされ、子どもたちはそれらの本がどのように異なっているのかについて探究しました。いろいろなミステリーが整理されて図表が描かれ、まとめられたのです。この話し合いでベネット先生は次のように言っています。

では物語に見られる特徴について話してみてください。たとえば、はじめに作家は登場人物を紹介し、状況を示します。そして、ある出来事が起きるのですが、そこには手がかりが与えられています。これが、物語に見られる特徴について話すということなのです。[*70]

繰り返しますが、「名づけること」と「気づくこと」は手を取り合って進むものです。「物語に見られる特徴について話す」のようにものごとを名づけることで、混乱をより少なくしながら焦点化された話し合いを行うことが可能になるのです。

「今何と言っていたかを私は聞いていましたよ、クロード。あなたはジニーの立場に立っていましたね、気づいていなかったかもしれないけれど。あなたは『彼女が静かになることってあるのかな』と言いましたが、それはジニーが考えていたことと同じだったのです」[*68]

この教師は、この発言によってクロードと子どもたちの注意を、クロードの発言内容に引きつけました。もし子どもたちの注意を向けることができなかったら、この教室で起きたような「効果的に考えるための方法」はうまれなかったことでしょう。

子どもは（大人も）、自分のやっていることをまったく自覚しないままにものごとを成し遂げることが多いものです。深く考えず、自動的に、しかも自然にものごとを行うことは、人の能力を効率的に使うためには有効です。なぜなら、私たちの限りあるメンタル・リソース（思考のために使う資源）を使い果たさないですむからです。しかし弱点もあります。それは自動的に反応できないような問題に遭遇したときに、過去の行為を思い出したり、新しい状況に合わせた効果的な選択肢を考えたりできないということになってしまうからです。

ここでの教師の発言は、クロードの心の中の出来事を説明したものとなっています。これによってクロードの発言の意義をめぐる話し合いがはじまりました。個人の中に意識せず隠れていた思考のスキルが、その子ども自身だけでなく、コミュニティーとしての教室全体でも共有され、将来の財産になったのです。

この教師の発言には他にも有益な点があります。クロードがやったことについて、「読み手として、とてもよいことをした」と暗に指摘したのです。そして彼に「自分には能力や主体性がある」と主張する機会を与えました。それはまた、ジニーの視点から物語について話し合う可能性も広げたのです。物語というものは「常に誰かの視点から語られる」ものであり、こうした視点をもつことで、「誰にとっても同じような重要さをもつわけではない」ということに気づく可能性までもたらしたのだと言えます。

言い換えれば、それはクリティカル・リテラシー[9]としての中核的な会話へ広がっていくものなのです。

「グループでの話し合いがどのように進んだのか教えてください。うまくいったのは何ですか？　どんな質問が出されましたか？」[*70]

このひと続きの発言は、気づくことと名づけることの重要な面をいくつか含んでいます。

第一に、ベネット先生はグループでの話し合いの過程に注意を向けさせました。これから詳しく見ていきますが、それは何かをうみ出すような、意味ある学習を運営したり、活動を組み合わせたりするうえで重要なのです。

第二に、先生は「うまくいったのは何ですか」と尋ね、まずは前向きな面に注意を向けさせました。これによって、前向きに取り組むための基盤がつくられ、「コミュニティーで学習する」というアイデンティティーが効果的にうみ出されたのです。「グループでの話し合いの過程を積極的に語る」という振り返りは、この種の経験に対する親近感をうみ出します。

第三に、先生は「異なった種類の質問が存在する」ことに注意を向けさせていますが、これは「異なった種類の本や文章が存在する」「異なった種類の書き手がいる」「異なった種類の単語がある」などと意味としてはまったく同じです。それらに気づかせたり、話し合わせたりすることが、リテラシーを身につけるために重要なことなのです。

「あなたが、これまで書けたらいいなあと思っていた一文を書いてみてごらん」

この言い方は言葉の質に注意を向けさせています。その一方で、「子どもたちはみんな素晴らしい作品を書きたがっている」ということを暗に示してもいます（実際にそう求めています）。要するに「作家になってね」と言っているのです。

子どもが書いたり話したりする中で、教師が上手な言葉の使い方をしている部分に気づけば、よい作品を書ける可能性が広がります。

たとえば、「あなたの書き出しは、『おじいちゃんの目、ぼくの目』[*89]のパトリシア・マクラクランの書き出しと似ていることに先生は気づいたわ」と言うことで、「書き出し」（リード文）の概念を名づけることになります。さらには、その子がやったことと同じことを有名な作家もやっていると示すことにもなるのです。同時にそれは、何か名前を与えることであり、「書き出し」は次の話し合いできっと話題になることでしょう。

別の場面で、その教師は詩を声に出して読み、「私はこの一節が好きです[*69]」と言っています。この一言は、教師が子どもにしてほしいことを示しています。言葉や文章に注意を向けさせ、そのよさを互いに共有できるよううながしているのです。それは詩を「分析する」ための投げかけですが、しかしこの教師は、言葉に対する「感情的な反応」もはっきりと表明しています。指導法の研究では、しばしば教師の感情的な反応は軽視されますが、これは間違っていて、実はとても重要なことなのです。

赤ちゃんであっても、母親など身近な人に感情的なサインを使っています。泣き叫ぶといったサインで、「暑いよ」や「寒いよ」といった周りの環境についての重要な情報を提供しているのです[*117]。「詩が好き」というのは感情的な反応をとくに言葉にした表現ですが、実はすべてのやり取りの中に感情は必ず含まれています。子どもは、他の情報と同じようにそうした表現をしっかりと受け取っているものなのです。

パターンや感情や注目することを気づきと名づけにつなげる

「あなたは何に気づいていますか？ あなたが驚いたことで、他にどんなパターンやできごとがありますか？」[*69]

ジョアン・バカー先生の小学四年生の教室では一日のはじまりに、子ども（数人であるときもあれば、バカー先生自身のときもある）が一つだけ「その日の言葉」を取り上げ、小さなホワイトボードに意味と発音記号を書きます。たとえば、quagmire（沼地）のような単語です。

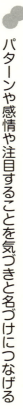

お昼休みのあとでそれを隠し、各自のインデックスカードにその単語のスペルを書くように指示します。先生は黒板の出っ張りに、生徒たちが書いたカードを置いて、さまざまなスペルの表し方を提示しました。そして「あなたたちは何か気づきましたか？」「何か発見したパターンなどはありましたか？」[*69]と尋ねたのです。

先生は、子どもに単語の書き方のルールやスペリングの仕方を調べるように指示しています。しかし、最初に「その日の言葉」を選ぶという興味をひく課題を設定したことで、子どもたちは興味ある単語を探し出し、新たな発見ができたのです。これだけでも子どもの言葉の範囲が広がっていきます。バカー先生は、他の教師がしているように「普段とは違った言葉の使い方（間違った書き方）を見つけなさい」とも指示できたかもしれません。しかしそうはしませんでした。それだけではありません。先生は詩についての話し合いの中で、「好きな言葉やフレーズはありますか？　あるいは、自分も書けたらよかったなあと思っていたものがありますか？」とも言ったのです。

こうした先生の発言は、どれも「あなた」ということに関わった質問です。つまり、「あなたは気づくことができるタイプの人間だ」と言っているのです。同様に、「あなたは興味のあることを書きたいと願うタイプの人間だ」とも言っているのです。

このような教師の言い方は、特定のアイデンティティーを構築する「手引き」という意味合いをもちます。このことについては、次章でもう一度述べることになります。

言葉を身につけつつある子どもは、本や文章の重要な特徴を学ぶ必要があります。具体的には、「どのように本や文章は組織化（文字、単語、主旨、構造、句読法などで組織化）されているのか？」「どのように話し言葉と関係しているのか？」「どのようにすれば、作家が読者に仕掛けたトリックを見破れるのか？」「いつ、書き言葉を使えばよいのか？」などをあげることができるでしょう。

しかしながら、子どもたちは、これらのことすべてをいつも教師に頼って気づくことはできません。だからこそ、教師は子どもに「自分で気づくようになるための方法」を教えなければならないのです。

私たちは、子どもの注意を文章や単語や音に向けさせます。文字はイラストとどう異なっているのか、文字はページの上でどう表現されているのかなどにも注意を向けさせています。私たちは、子どもたちがこうした特徴に気づいたときに、そのパターンを教えることができます。しかし、やはり一番大事なことは、まずはそれらに「注目」しなければならないということです。私たちはすべてのパターンや特徴を子どもたちに示すことはできません。仮にできたとしても、そうはしたくないのです。なぜなら私たちは、子どもに「それらに気づく名人」になってほしいからです。

教室の子どもが、自分でパターンに気づいたり、指摘したりできるようになれば、教えることは非常に楽になります。教師はもはや知識の源泉でなくてよいのですから。

たとえば、エレン・アダムス先生の小学二年生の教室では、「たくさんの本の中でオオカミが書かれていることに今まで気づいていましたか？」[*1]と言う子どもがいました。

また、クリス・マーフィー先生の小学一年生の教室では、ある子どもが「おしゃべり」（chitty-chatty）という言葉のおもしろさに気づきました。先生は、chitty と chatty という単語の音が似ていることを指摘し、単語のレベルよりも小さい単位の chit や chat という音声にも注目させたのです。

これらの教室の事例では、子どもたちが「自分で気づくことが大切なんだ」ということを学んでおり、それが「授業での価値ある話し合いのテーマ」になることが示されています。つまり、子どもが何かに気づいたときにこそ、話し合うための価値がもたらされるのです（まさに気づいたそのときに！）。

ところで、教師ではなく子どもたちの気づきからはじめることには多くの利点があります。幼児研究では「子どもの注意への追従[10]」と呼ばれる現象があります。幼児の注意を意識的に切り替えさせるタイプの母親よりも、幼児の注意が向かったものにしたがってそれを大事にするタイプの母親の方が、子どもの語彙力を発達させることが明らかになっているのです[*38・133]。子どもがものごとに気づいたときこそ、そこに焦点をしぼって教えはじめることができるのです。何といっても子どもはその点にすでに「注目」しているのですから。

私はジョアン・バカー先生の教室で、直接的な指導ではないものの書くことについてのすばらしい教育を見たことがあります。先生は、小学四年生に対して「あなたたちの手書き文字は読めません」と言いました。そして筆記体のアルファベット表を示し、「うまく書けるようになるためには何からはじめるのがいいでしょうか？」と質問しながら、指導計画にそって子どもたちの活動を後押ししたのです。

子どもたちはブレイン・ストーミング[11]でアイディアを出し、先生はそれをチャート紙に書いていきました。この過程で子どもたちは「どれが難しい文字か」（何が難しいのか）、「どの文字が混同しやすいのか」（何が混乱させるのか）について話し合いました。そして、指導の効果をあげるために、「どれがもっともよく使われる文字なのか」（出された意見が異なったときには、さらによく調べるために個別に検討が加えられました）、「どの文字のグループの共通性が高いのか」についての話し合いの場も設けました。その結果、この話し合いはもっとも効果的な方法となったのです。

このプロセスでは、書くということの特徴について全員の注目が共有されたため、バカー先生はほんの少し関わるだけでした。目立った特徴にそって文字を分類するためにも、それらに名づけるということが要求されるのです。

二つの部分に分けられる先ほどの「気づくこと（注目）」に関する質問は、別の理由からも重要であると言えます。改めて示すとすれば、「あなたが驚いたことには、他にどんなパターンやできごとがありますか？」という質問になります。

教師が、「他にどんなことが……？」という表現を多く使うことで、子どもの思考は柔軟になり、複数の可能性を探し続けるようになります（これについては後ほど改めて述べます）。

「驚いた」の部分はとくに重要です。私たちは、とりわけ驚きという感情を子どもにもってほしいのです。なぜなら、驚くことは、そのパターンや理論が矛盾していることを示すサインでもあるからです。そのような矛盾に直面することは、ものごとを学んでいくうえでよい機会となります。当然だと思っていたことを再考せざるを得なくなるのですから。*123

不快や不安という感情もまた有益なサインです。私たちは、たとえば誰かの悪事を目撃したときには、その感情の原因である「悪事そのもの」に対処するというよりは、見なかったことにしたり、黙っていたりするなど「自分の感情」の方を鎮めてしまいがちです。

マリー・クレイは、感情に変化が起きるのは内部のコントロールや自己拡張システムが形成されつつあることと同じだと指摘しています。(12) それはある種の学習のシステムであり、自分を動機づけ、自分をチェックするものです。

子どもが本を読んでいる最中に問題に直面したとき、ある教師が、「どうしたの？　何が分からないの？　どういうことならできる？」と言いました。この教師は子どもに、自分の内面のサインに気づかせ、どう対処すべきかをじっくりと考えるようにうながしているのです。このようなシステムが一度できあがってしまえば、教師がいないときでも機能し続けることでしょう。

子どもにこうした直感を働かせるよう手助けをすれば、「自分自身」や「世界」についてもっと学習できるようになります。さらに別の現象も起きるかもしれません。ウィンストン・チャーチルは次のように言っています。

> 人はときどき真実につまずく。しかし、彼らの多くは立ち上がり、何ごともなかったかのように急いで立ち去るのだ。*16

要するに、つまずいたときには立ち止まってみることも大切だということです。驚きや不安といった身体感覚が起きることは、「何ごともなかったかのように急いで立ち去る」といった問題を減らしてくれるはずです。

「気づくこと」と「名づけること」は、クリティカル・リテラシーに重要な影響を与えます。最終的に子どもたちは「どのように名づけられたか」や「誰がどんな方法で名づけたか」に気づかなければなりません。

夕食のテーブルでなされたある会話を思い出します。そこでは「skank」（ふしだらな女）という言葉について次のようなことが話し合われました。「skank は何を意味するのか」「誰がその言葉を使うのか」「それはなぜか」「男に対しても skank に相当する言葉はあるのか」などです。

私たちは、この話し合いでの発見を自分たちなりの名づけ方で呼ぶかもしれません。子どもが（私たち自身も）「分類をして名づけるということが、特定の定義とどのように関連するのか」についての理解をうながす必要があるでしょう。

たとえば、私はある子どもに、「このクラスにはどんなタイプの読み手がいますか？」と尋ねたことがありました。すると「うまくできる人とそうでない人がいます[*66]」という答えが返ってきました。

この返事については、立ち止まってちょっと考えなければなりません。なぜなら、教師は次のようなことを言うことも考えられるからです。

あなたは読んだものを理解したり、その言葉が正しいかどうかを判断したりするためにチェックしたのですね。その方法はとても素晴らしいと思います。それこそが読み手がすることなのですよ。*86

この発言の重大な問題は、「その子は何が上手にできるのか」「誰がよい読み手なのか」を認めているということです。つまり、読むときに使った方法についての指摘はしているものの、読み手について表現するなら「よい」か「悪い」かの二者択一でよいと認めてしまっているのです。ここには、「できがよくない読み手は誰なのか」「それをあなたはどう表現するのか」という問題が隠れています。「よい」か「悪い」かで表現することは、読み手や書き手を名づけるためのたった一つの方法ではないのです。

実際、こんなことがありました。私は子どもがイメージしている「よい書き手」を見分ける基準を知るために、小学四年生のクローイに「クラスの中でできのよい書き手は誰ですか？」と尋ねました。すると「私はそんなふうに考えることは好きじゃない」としか答えませんでした。「よい質問じゃないよ。そんなこと話し合いたくないよ。そんなやり方で書き手について話すことは普通じゃないよ」と言ったのと同じです。この質問は、「誰が社会的に高い位置にいるのかを教えてほしい」と言うことと論理的に同じであり、人種差別主義者が言う冗談と同じものなのです。(13)

クローイは、同じようなことを学んでいる教室の子どもたちといっしょで、読み手や書き手については「興味」や「スタイル」「ジャンル」といった観点から説明するものだと思っていたのです。見解が分かれるかもしれませんが、よい読み手の基準を知りたいなら「読み手が普通にやっていること」をシンプルに尋ねればよかったのだと、今の私には分かります。

言葉に気づき、名づけることを通して、子どもは「世界」や「自分自身」や「他者」の重要な特徴を学びます。これらの理解は、子どもが「お互い」や「環境」とどう接するのかに影響をおよぼします。公平な社会のために、子どもが「自分や他者を名づけること」「名づける際の背景にあるもの」「名づけることによる影響」に気づけるようになることに、私はとくに関心をもっているのです。

発展

気づくことや名づけることを探究するには、『素晴らしい言葉[*115・(14)]（*Wondrous Words*）』や『書き手が必要なこと[*48]（*What a Writer Needs*）』をお勧めします。これらの本の中で、著者たちは作家の技について詳細に名づけています。

本章で紹介したことを、以下の『素晴らしい言葉』の一部に応用してみましょう。この場面では、イアンという子どもが行き詰まりを見せています。書き手として進む方向性を思い描けるようにレイ先生が支援しているところなのですが、二人は、イアンのノートを見ながら次のようなやり取りをしています。

レイ先生　イアン、あなたが書いたこの表現、この表現は、心に浮かんだ描写やスナップ写真があるように私には受け取れます。ジャズ（彼の飼い犬）と一緒にいた特別な時間について、思い浮かんだたくさんの場面があるんだよね。そうでしょ？

イアン　そうだよ。

レイ先生　あなたはたぶん、その構成にそっていろいろ試してみて、どうなるか見てみようと思っているのね。知っていると思うけど、あなたとジャズの話は、私たちが以前に読んだシンシア・ライラントの『わたしが山おくにすんでいたころ』[*122]に似ているわ。その中にでてきたたくさんの短いスナップ写真のような話や、それがどうやって書かれたかについて私たちが話し合った内容を思い出してみて。

レイ先生は、イアンの記憶を呼び起こす可能性があるいくつかのエピソードを思い描いています。そして、次のように言いました。

レイ先生　いいわ。素晴らしい。あなたは、最終的にはそれらすべてを結びつける書き方を試してみたいと思うでしょう。ライラントが使ったような一節を繰り返すかもしれないわね。

この後で、レイ先生はその手はじめとして、イアンの興味をひき出すいくつかのアイディアをもとに、ある計画を示しました。

レイ先生　私だったら二つのことをするわ。一つは、『わたしが山おくにすんでいたころ』をもう一度読んで、ライラントがこの種の文章でどんなことをしたのかを改めて理解すること。二つ目は、あなたとジャズについて書きたいシーンを、あなたのノートにアイディアの一覧表としてつくること。できそう?

注

(1)　ここでの見習いとは、認知的徒弟制を踏まえています。認知的徒弟制とは、学習者はある領域における初心者（見習い）であり、熟達者（親方）である教師や親から学び、熟達するのだとする考え方に基づき、その学習過程を認知的な観点から説明した理論です。

(2)　invented spelling の訳で、従来は単なる間違いとして片付けられていましたが、今は正しいとされているスペル（後で出てくる「慣習的に正しい」とされるスペル）が書けるようになる前段として前向きに捉えられる傾向が強くなっています。日本でも漢字の間違いをそのように捉えることができるようになるとよいのかもしれません。

(3)　ここで言う「重視すべき特徴」とは、紙面に文字情報がどのように配置されていて、文章の書き手がどのように言葉を操り、非言語的な情報をも駆使しているかといった点や、同じ文字であっても複数の意味をもつ場合があったり、句読点の打ち方などにも違いが見られたりすることを指しています。また、こうした特徴は教科やその領域によっても異なります。数学の時間に見られる学習の方法と、音楽や理科、あるいは歴史の時間に見られる学習の方法は一様でなく、それぞれに合わせて子どもたちの注意を向けるようにする必要があると言えるでしょう。

(4)　あなたは、このようなときに何と言っていますか？

(5)　たとえば、赤ちゃんは何か刺激を与えられたり、気になるものが目に映ったりしたときに、能動的に、その方向に体の向きを変えるといった反応をします。私たちは新しい情報や刺激に目を向ける／気づくように生まれながらにプログラムされているといえるかもしれません。ここでは、こうした注意を喚起する働きを「注意のシステム」と呼んでいます。

(6)　教師が助ける／指摘する／指導する必要が少なくなるという意味です。

(7)　Bailey School Kids は Marcia T. Jones と Debbie Dadey によって二〇〇〇年代に書かれた八〇冊以上のシリーズ本です（邦訳はなし）。

(8)　小学一年生の教師だったＧ・ウォーナー作の『ボックスカー・チルドレン』『ボックスカーのきょうだい』

は一五〇冊あり、その多くは日本語に訳されています。最近、映画化もされました。

(9) クリティカル・リテラシーとは、人間関係に内在する力関係、不平等や不公正を理解し、それらを少なくするために行動することを重視した「読む・書く・聞く・話す」を教えたり、学んだりするアプローチのことです。本書のキーワードなので、翻訳にせずにこのまま使っていきます。

(10) 原著では、幼児の注意を意識的に切り替えさせるタイプは「子どもの注意の転換」(attention switching)、幼児の注意が向かったものを大事にするタイプは「子どもの注意への追従」(attention following) と述べられています。これらの訳語については毛利眞紀・大野博之「子どもの前言語的コミュニケーションと母親の関わり行動の関連――応答的関わり・始発的関わりの観点から」『九州大学心理学研究』第三号、二〇〇二年を参考にしました。

(11) ブレイン・ストーミングとは、最近では、「ブレスト」などとも呼ばれ、一般的にアイディアを出すための方法を指し示す言葉として使われることが多いようですが、そもそもはアメリカの心理学者A・F・オズボーンが開発した特定の手法の名前です。研修などで体験したことはあるかもしれませんが、授業で活用することにこそ価値のある方法です。

(12) 外部のコントロールと言った場合、たとえば、子どもに対して「読み方が間違っているよ」「そんな読みではだめだよ」と直接的に指摘するような働きかけを意味します。一方、内部のコントロールとは、子どもたち自身が自分の読みをモニタリングし、その内容理解を確実にしていくことです。自己拡張システムは、この内部のコントロールに関係づけて捉えることができるでしょう。たとえば、文章を読んでいて、自分の知識や読み方を総動員しても理解できない難しい言葉に遭遇したとします。そうしたとき、何か別の視点からその言葉の意味や定義づけを当てはめてみることで、それまで分からなかった言葉の意味や使い方を探り当てることができるかもしれません。一度、こうした言葉の使い方やパターンを認識することができれば、未知の単語についての理解がうながされるだけでなく、既知の単語についても新たな使い方を工夫したり、考え出したりすることもより容易になるはずです。このように、自己拡張システムとは、新たに問題を解決していくための方法や考え方を自らモニタリングし、形づくっていく働きのことを指しています。

(13)　著者によれば、人種差別主義者はこのような不快で答えにくい冗談を言うという比喩だそうです。クローイは著者に「あなたの質問は間違っている。その質問は不愉快だ」ということを伝えるために、大人の男性である著者と、少女であるクローイとの間の力の差に打ち勝ち、返答をしなければならなかったと述べています。

(14)　以下で紹介されている事例は、子どもたちが身近に感じられる内容の絵本をメンター・テキスト（＝自分たちの師匠といえるほどに参考になるテキスト）として使う方法で、あまりに効果的なので過去一〇年以上欧米で盛んに使われています。メンター・テキストについては、「ＷＷ便り」で検索し「ＷＷ・ＲＷ便り」のブログが開けたら、左上の検索欄に「メンター・テキスト」を入力すると大量の関連情報を読むことができます。

第3章

アイデンティティー(1)

子どもが、自分は「男の子」であるとか「勇ましい子ども」であるといったアイデンティティーを示すために特定の物語をもちだすときには、同時にその物語もある意味において、彼のアイデンティティーを主張している。すなわち、その少年は「勇ましい子どもはどう話すのか」について、その文化の中で支配的な話の筋立てを自分のものとして使っているのだ。

ダイソン&ゲニシ[*41]

教室にいる他の書き手についての話し合いで、スティーヴンはみんなを次のように捉えていると話しました。

ユーモアのあるのは、ジェシーが得意。彼はファンタジーをたくさん書くんだ。ロンは、本当によい書き手だよ（中略）彼は書くよりも描く方がもっとうまい。（中略）エミリーはミステリー作品を自分で書くんだけど、細かいところまで書くのが上手だよ。彼女は登場人物たちを上手に描写していたんだ。山場がきちんとあって、読者が解かなければならない謎があったので、本当によいミステリーだったよ。[*71]

スティーヴンは自分自身や教室の仲間のことを作家と見ています。そのためプロの作家について話すときと同じような話し方になっています。

このとき教師は、スティーヴンが「作家がしていること」を深く理解し、「一人の作家として」のアイデンティティーが強化され、それを磨き続けることができるように、意識してこの話し合いを行っています。

スティーヴンは教室の仲間に対しても「多様な作家の集まり」と見ていました。また、実際そのように振る舞っていたため、このときに、スティーヴン以外の仲間も「有能で多様な作家」であるというアイデンティティーが強化されていきました。

私たちの教室にいる子どもは、言葉を自分のものにしつつあります。しかし単に、言葉のスキルを学んでいるだけではありません。個人的・社会的なアイデンティティーも形成していくのです。「自分がどのような人になっていく」かは、その人固有の資質に加え、他者との関係によっても特徴づけられると言えるでしょう。

作家が小説を書くときには登場人物をうみ出します。こんなことを言う人物、あんなことをする人物、それぞれのやり方で人物とできごとが結びつけられます。

私たちは、小説に描かれている人物像の奥深さや複雑さが理解できるようになるにつれ、ある人物がどう行動するのかをしだいに予想できるようになっていきます。その人物が新しい状況に直面したときでも（新しい状況に驚きはしますが）、それが理解できるようになるのです。

これは作家だけが行っていることではありません。私たちも普段から行っていることなのです。[*19・20・60・97・114]人は自分の人生を語ります。それによって「自分自身」や「自分が置かれた環境」を確認しています。また、「あの人のようになりたい」と思い、その人と同じ方法で振る舞おうとしたり、できごとを説明したりもします。

アイデンティティーの形成とは、「自分自身を、特定の人間のタイプに導きあてはめつつあること」を意味します。特定のタイプの人はどのように感じるのかといった感覚を養い、そのタイプが存在する社会的な集団に属していくのです。

子どもは教室のやり取りに参加することで、異なるアイデンティティーを形成したり、異なった役割に挑戦したりします。つまり、「今までとは異なった主人公の立場」になるのです。たとえば、私たちは、子ども自身がまるで物語の中にいるかのように「私は」などの代名詞を使って話すときに、こうした場面を目にすることがよくあります。

本書でこれから見ていくように、子どもは与えられた文脈の中だけで「自分は誰なのか」を決めつけるわけではありません。「積極的で責任をもった主体的な人物」なのか、「そうではない、より受動的な人物」なのかもまた自分で思い描いているのです。子どもは、「いま学んでいること」や「身の周りの他者との関係」や「提示された課題」などについて、自分の立場を明らかにしなければなりません。教師は自分の発言を使って、意味のある役割意識を提供したり、それに向かって背中を押したりすることができるのです。

子どもたちがその道の専門家であるかのように接する

「あなたはなんて才能のある若い詩人なのかしら!」

このタイプの教師の反応は、子どもの発達しつつあるアイデンティティーに注意を向けています。これはさらに「詩人として、私たちはこれをどう取り扱うべきなのか?」という発言が行えるようになるための手引きにもなります。

この問いかけに答えるために子どもたちは、一時的にせよ、自分自身をそのような役割をもった人間としてイメージしなければなりません。また一時的にではなく、そうしたアイデンティティーをもちつづける選択をする可能性もあります。

いま一度、次の点に注目してみてください。子どもを詩人であると断定していることは、何の新しみもなく、誰もが受け入れていることなのです。従って、この点に関して論争が起こることはあり得ません。

このタイプの発言は、詩人(科学者、数学者、作家)は何をするのかということについての理解をうながします。子どもはこうした理解を自分でつくり上げ、教室での話し方や行動の仕方も自分でつくり上げていくのです。

もちろん、教室の中で互いに「詩人」と呼び合うだけ、つまりアイデンティティーのラベルを貼るだけでは、子どもに必要なことすべてを達成させることはできません。

ある学校で、教師は自らを「上級研究員」と呼び、子どもを「トム研究員」などと呼んでいました。また、授業をはじめるときには、「私たちはみんな研究者です。さあ、いっしょに研究しましょう」と繰り返し言っていました。[*43] 子どもたちが「先生の役割は子どもたちに答えを言うことでしょ！」と主張した際には、「研究者の役割は、自分たち自身でその問題を解こうとすることですよ」[*43]と返答しています。

この返答は、「実践的コミュニティー[(2)]」において、その集団共通のアイデンティティーに強く働きかけるものです。つまり、「『私たち』はこんなふうにしてやっているんだ」と主張して、次のような考え方を否定します。

> 私たちは生徒で、あなたは教師です。このように考えることが、学校の中で伝統的に求められてきたのです。

もしこのような発言がなされたとしたら、「ごめんなさい、でも、あなたはまちがった舞台の中にいるわ。私はそんな役者も筋書きも知りません」と言ったうえで、「ここでの新しい台本は、会話の中で『私たち』というときには、私たちはみんなが詩人（科学者、数学者、作家）であるということよ」と断言することが、効果的な返答です。

「私は研究者コミュニティーに所属する研究者」というようなアイデンティティーをもつことが、子どもが学んでいくうえで重要なのです。しかも、これは教室での子どもの参加をうながす「道具」にもなります。これらのアイデンティティーは、とくに他者や学習目標に向けて「責任をもつ感覚」や「理性的に行動する方法」を提供するからです。

こうした感覚や方法が暗に示しているのは、コミュニティーについての概念だと言えます。なぜなら、アイデンティティーとは「その人固有のもの」であると同時に、「集団にも帰属」しているためです。[*52] そのような教室の中では、教師は単に教科内容を教える人ではありません。むしろ、「数学をする、つまり日常的に起こっていることを数学的な問題として捉え、現実問題の解決のために、数学的な考え方を発展させて活用する」[*43] ような人なのです。

このようなやり方で理科や書くことや数学などを学習することで、「学校」と「現実の世界」との間の溝――子どもの学ぶ力を制限してしまう溝――を埋めることができます。

「あなたらしくないわね」

この教師は子どもを叱るのではなく、ちょっとした問題行動について「通常はそんなことやらないよね」とそれとなく伝え、全体的に見ればその子は「もっと優れた人物」だと示唆しています。これによって「自分はどんな者になりたいか」をじっくりと考えさせています。つまり、その子が自分ではよいと思っている「積極的なアイデンティティー」を、今後変えていきたいのかどうかについて考えさせているのです。

教師と子どもとの関係が強まれば強まるほど、このような発言はより強力で、実り豊かなものになります。ここには「道具」としての、そして「絶えず学力を向上させる」ものとしてのアイデンティティーの働きがはっきりとでています。

たとえばこの教師は作家に対する編集者のように、きっと子どもに次のように言えるでしょう。

あなたがつくり上げた主人公のそれまでの振る舞い方をみると、この状況ではそんなやり方で行動しないだろうね。その主人公らしくないもの。

「作家として、（新しいことを学ぶ）準備ができていますか？」

この質問は、発達や成長という観点から、学ぶということについて考えさせています。同時に、成長の余地がたくさんあるという見方ができるようにうながしています。

「自分自身を作家として見ること」や「難しい課題に挑戦すること」は子どもに非常に重くのしかかってくるもので、それほど簡単なことではありません。しかしおもしろいのは、子どもが課題に挑戦し、困難に打ち勝てば、教師が子どもに与えた作家という役割の中でも、その子は「作家として挑戦に打ち勝った自分」という物語をつくり出すことになるのです。

このような方法で困難を乗り越えることは、そのアイデンティティーをもつための魅力的な「手引き」を受け取るようなものです。もし教師が「どうやってそれをやったの？」と尋ねたら、その子は自分自身を主人公にした成功の物語を語ることになるでしょう。

「あなたは自分を誇りに思っているのですね」

この言葉は、主体性を育む「どのようにやったの？」といった質問のあとで言うと一層効果があります。自分の内側から自尊心を生じさせることで、主体性の感覚を育み、同時に、内側からの積極的な意欲も一緒に生じることになるのです。

子どもの自立心が形成されたからといって「教師が子どもを誇りに思う感情」が損なわれるわけではありません。ただし、よく言われる「私はあなたを誇りに思います(3)」という言い方は、他の褒め言葉と同じように注意が必要です。なぜなら、この言葉は主体性を育むというよりも、子どもの注意を教師を喜ばせる方向に向けてしまうためです。どんな褒め方をしても、教師を尊敬するという従属的な立場に子どもをおいてしまいます。賞賛をうみ出すのはやはり教師なのですから。しかも、「自分で達成する」という責任を子どもから巧妙に取り除き、その責任を教師に負わせてしまいます。

一方、より広く使われる「これをやったらどんな気持ちになった？」という質問は、子どもの注意を、その子の「内的な感情」と「行動やできごと」とのつながりに向けさせます。たとえば、「もしこんな作品が書けたとしたら（または「こんな手紙を受け取ったら」）、どんな気持ちになる？」と尋ねることには二つの効果があります。

一つは、書く行為に対して、自分の内側からの動機が生じるということです。子どもがこのことに気づき、「内的な感情」と「行動やできごと」とのつながりにそって前もって実践しようとするなら、動機づけはより高まります。つながりがあることに気づいて前もって実践しようとすることは、そのつながりが実際に生じて強化されたときと同じような効果をもつのです。

もう一つは、教室での話し合いの中心的な部分である「どのような出来事がどのような感情を生じさせるのか」という論点がうみ出されるということです。これは主体性の面からも、大事な論点となります。

子どもが主体的に考え、行動する問いかけをする

「作家として、あなたは今日何をするのですか？」

この質問にはいくつかの特徴があります。

第一に、教師のために課題を行うのではなく、作家が行うような視点から書くための枠組みが子どもに与えられているということです。また、そのような視点からの会話がうながされています。第二に、(a)その子どもは「作家」であり、(b)「作家とは何かをつくり出す人」という前提が提示されていることです。したがって、この役割にそって作家としての行動をとらないでいるのは難しくなります。これは議論するまでもありません。つまり、その子どもは、「(作家として)いま執筆している物語の書き出しを考えているんだ」といったようなことを言わなければならないのです。

このような質問によって会話をはじめることで、「ある特定のキャラクター(私ないし作家)は、ある特定の語り方(作品を書くという行為)をする」という制約があることを示すことができます。そのように言われた子どもは、こうした語りの練習を徐々にうながされ、うまい具合に後押しされていくことでしょう。だからこそ、その子自身が作家であり、主人公になれるのです。教師は細部や筋書きについてのヒントを与えるだけで、物語を磨き上げる可能性を広げることができるのです。

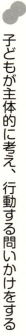

「読者として，最近学んだことは何ですか?」

前の質問と同じで，教師はすでに前提となる情報に基づいて会話をはじめています。ただし今度は，(a)その子どもは「読者」であり，(b)「読者はいろいろなことを学ぶ存在」です。これについては議論の余地がありません。

「読者が何を学んでいるのか?」と質問しているだけですが，それに答えるためには自分が最近学んだことを振り返らなければなりません。このような開かれた質問(4)は「私は……について……から学びました」という形の答えを求めます。読むことや学ぶことに対して，主体的にアイデンティティーを主張することを求めるのです。同時に，それは学びのプロセスをつくります。「自分は出来がよくない」と考えたり，実際に出来がよくなかったりする子どもへの指導の手立てになるのです。

「作家として次は何を学びたいのですか?」も同じような質問です。しかし，この質問は学びのプロセスを，主体的なものとしてより高いレベルに引き上げ，その痕跡も残します。つまり，このような質問を投げかけられた子どもは，「私はこれまでにいろいろ学んだし，これからも学ぶでしょう。自分が学んだすべてのものごとは私がコントロールしています」と答えざるを得ないのです。

「それをどうやって学ぶつもりですか?」という質問は，主体的な会話を広げます。子どもが学習活動をコントロールしていることについて述べたり、子どもの注意をうまく学習が進む方向に向けたりすれば、主体性はより一層確かなものとなっていきます。

ここまで紹介してきた教師の投げかけは、結局のところ次のことを主張しています。それは、作家になりきるということは、「どうすれば作家になれるのか」という子ども自身の学びをコントロールすることを含むということです。

言い換えれば、このようなアイデンティティーを学ぶ会話を通して、学習において「積極的な主体」としておかれた地位（場所・役割）に応じた反応を、子どもがしているということなのです。主体性については、次の章でより詳しく探究していきます。

発展

子どもが言葉の使い手としてのアイデンティティーを身につけることができるように、教師の指導方法を改善する二つの方法があります。

一つは、リーディング・ワークショップやライティング・ワークショップのカンファランス(5)のような、読書や書くことについての会話を音声記録し、本章で取り上げたような観点から聞いてみることです。

もう一つは、より直接的な方法になりますが、以下の点について、子どもたちが教室でペアになって話し合ってみることです。

・このクラスには、異なったタイプの読み手（書き手）がいると考えますか？
・自分自身を読み手（書き手）としてどう理解していますか？（あるいは）どんなタイプの読み手（書き手）ですか？

自分の指導法を改善するために、プロジェクトをはじめるにあたって（自分が担任をする教室をもっていない方のために）、マンディーという子どもとのやり取りの要約を示しますので、これを読んで次の三つの問いに答えてみてください。

・ここではどんな気づきと名づけが起こっていますか？
・マンディーが発達させているのは、どんなアイデンティティーでしょうか？
・このようなアイデンティティーを可能にしたのは、教室でのどのような会話でしょうか？

答えを出すとき、何を根拠にしたのかについて考えてみてください。そして、子どもたちがリテラシーについての考えや言葉の担い手として自分自身を見直すために、どのような取り組みができるのかについて考えてみてください。マンディーの事例は、資料Bの230〜231ページを参照して下さい。

注

(1) この言葉は、「自己同一性」や「自己認識」と訳されることが多いのですが、著者がここで扱っている概念は、もっと動的なニュアンスが強いので、カタカナのままとしました。教師がその形成に関わることができ、実際すでに関わっているという立場をとっています。

(2) 「実践的コミュニティー」(community of practice)は、徒弟制に基づく伝統的職場など、さまざまな役割を担い、行為することで知識や技能の修得が可能になる実践の場のことです。

(3) 英語ではこの I'm proud of you.が褒め言葉としてよく使われますが、日本ではこのような感覚の言い方はあまり見られません。

(4) 「はい」か「いいえ」で答えるのではなく、オープンエンドで考えていることを尋ねる質問のことです。

(5) ライティング・カンファランスは、従来のテーマを教師が提供する形で行われる作文指導に代わる方法として、一九八〇年代の初頭から欧米で展開されているライティング・ワークショップの中心的な教え方です。基本は、作家や詩人やジャーナリストなどが回している書くサイクル(題材探し→下書き→修正→校正→出版/発表)を回し続けることです。その中での教師の役割は、子どもたちを主体的な書き手として捉えたうえで、相談に乗る（＝カンファランスをする）形でサポートすることです。「子どもが作品を提出した後で、教師がいくらがんばって添削しても、子どもの書く力はいっこうに上達しない」ということで生まれた方法です。リーディング・ワークショップは、ライティング・ワークショップがあまりにも効果的なので、一九八〇年代の後半以降に普及しはじめ、当然読み手である子どもに対してするカンファランスがその中核に位置づけられています。

カンファランスは、本来の意味で教えるという行為の核にある教え方と言えるかもしれません。カンファランスを含めてライティング・ワークショップおよびリーディング・ワークショップについてより詳しく知りたい方は、ブログ「WW&RW 便り」（で検索するか、http://wwletter.blogspot.jp/の URL を入力）と、「作家の時間」（で検索するか、https://sites.google.com/site/writingworkshopjp/の URL を入力）のサイトで、たくさんの情報が得られます。なお、「作家の時間」のサイトの「オススメ図書紹介（教師用）」には関連図書がほぼ網羅されています。

第4章

主体性、そして選択するということ

「もちろん、これならできる」と考えられることが子どもには必要だ。教師も、その子を「できる」と見て、それを踏まえた新たな可能性を思い描くことが必要なのだ。

ダイソン[*40]

自分が行動すれば、とくに、よく考えて行動すれば、目標はきっと達成できる。他のことはおいても、この感覚をもって子どもたちは学校を卒業することが大切です。私はこの感覚を「主体性の感覚」と呼んでいるのですが、教師の中には、この感覚を子どもに身につけさせるのがとてもうまい人がいます。本章では、彼らがそれをどうやっているのかについて紹介します。

主体性が活性化(1)されるのは、自分の周りの状況は自分の行動に応じた結果だと理解したときです。多くの研究者たちは、主体性を人間の基本的な欲求であると論じています。[*9・20・60・129]

彼らは次のような点に基づいて主張しています。それは「自分がしたことで起きた変化には、赤ちゃんでさえ気づいたり興奮したりする」という事実です。赤ちゃんは体を動かすことでベビーベッドの上のおもちゃが動くことに興奮します。赤ちゃんのこの行動に母親がさらに反応することで、主体性の発達がうながされます。逆に、母親が憂鬱な状態でそうした行動に反応しなければ、赤ちゃんは体を動かすことへの興味を失ってしまうでしょう。

このような主体性への欲求は生涯にわたって、しかも、とても強力に存在し続けます。人間は

「自分が行動しても何も変わらない」と感じたときには、落ち込んで何もできなくなってしまいます。それほど主体性への欲求は強力なのです。[*127・129]

主体性の感覚をもつことは、とても基本的なことであって、私たちの幸せはそれしだいと言えるかもしれません。しかしながらこの感覚は、赤ちゃんの場合のように、「行動」と「その結果起こったこと」とが一致したときにだけもたらされるわけではありません。私たちの行為の大部分では、「行動」（たとえば、よい書き出しが書けた）と「その結果」（たとえば、その文章を読んだ読者を引き込んだ）との間にズレがあります。時間的なズレだけでなく、両者の因果関係もはっきりとはしていません。だから、読者が自分の作品を気に入ったとしても、それはなぜかを理解する必要があります。単に運がよかっただけで、その作品がよかったからだとは言えないかもしれないのです。

だからこそ、教師による「言葉を用いた働きかけ」が大切であり、しかもそれが物語を語るという人間の性質とうまくなじむのです。この働きかけは、「行動とその結果」の橋渡しとなり、主体性の感覚をうながします。教師は、「よく考えて行動すれば目標は達成できる」と子どもに示し、同時に、「あなたは自分で目標を達成することができる人間だ」と示すことが重要です。

第3章で、私は、子どもがどのようにして「自分を詩人と思うようになるのか」について説明しました。しかし詩人としてのアイデンティティーを発揮するためには、子どもが自分自身に対して、そして、他者に対しても「自分たちは確かに詩人である」と納得できる必要があります。そのためにも、子どもはあたかも詩人のように振る舞わなければなりませんし、物語をうみ出さなければなりません。それは、詩人たちがしていることをその詩人になりきって行うことであり、詩人としてうまくやれると信じて疑わないことだと言えるのです。

「物語を語る」ということは、「人間はうまれつき物語の語り手である」という事実に裏打ちされています。私たちはいつも、自分自身についての物語を他人や自分に語っていますし、それによって「自分は何者なのか」も意識していくようになります。ある意味、私たちは物語形式で自分を体験しているとも言えるのです。あるいは、キャサリン・リースマンが書いていたように、「一人ひとりが、自分の人生を語る自伝的な物語である」と言えるのかもしれません。*118

書き手として遭遇するさまざまな問題を解決するために、そして、目の前のさまざまな文章をよりよいものにしていくために、私たちは書き手として、自分自身を物語の中に織りこまなければなりません。書き手というものは、文章に関する問題に直面しても、それを解決するタイプの人間であると言えますが、こうした考え方を、執筆活動を通して他の人たちと語り合う中で私は養ってきました。

主体性の感覚の成長について理解するためには、私たちが子どもたちにどのような物語を語らせているのか、その手立てについて確かめる必要があります。たとえば、「これまでうまく書けなかった」と語る子どもが新しい課題を前にして、「もちろん、これならできます」と言うはずがありません。

また、自分自身を能動的な主人公、つまり「主体性をもった存在」と物語の中で位置づけたとしても、出来のよさを自分ではなく、「他人のおかげ」と考えてしまうこともあります。「私の詩がうまくできたのは、先生が手助けしてくれたからです」といったように。自分を低い位置にして受け身で物語を語るのは、主体性とはまったく逆の意味をもちます。それをジェローム・ブルーナーは「被害者意識」と呼んでいます。[*20]

学習障害と診断された子どもたちを教えた経験のある教師なら、マリー・クレイ(2)の有名な「学習障害になることを学ぶ」という論文で指摘されたこの種の物語がよく分かるでしょう。私たちがどのような物語を語るのかということが、子どもたちの学業や成績に影響(3)を与えることは間違いありません。[*74・100・102]

そうなると、私たちが取り組むべき課題は、「成功した主人公」として子ども自身が多くの知的な物語を語るためには、どのような手順を踏めばよいかということになります。素晴らしい物語の中心には、問題に遭遇しても、よく考えて行動することで（必ずではありませんが）たいていは目標を達成する主人公がいるものです。

以下に紹介する教師の投げかけは、主体性の感覚に影響を与えるものばかりです。子どもたちは豊かな言葉の使い手として自分を語る物語の中で、主体性の感覚を養う経験をしていくのです。

問題解決の方法や計画を主体的に物語ってもらう

「あなたはどうやってその答えを見つけたのですか?」

子どもがうまく問題を解けたときにこの質問をすれば、「目標を達成したり、問題を解決したりするための過程や方法」について振り返らせることができます。この質問は、子どもに「最初に私は〜を試しました」という答えを求めます。言い換えれば、子どもに、「物語の主人公」と「語り手」とに同時になることを求める質問だと言えるでしょう。「活用した方法を振り返る」だけでなく、語り直される物語の中で「主体的な役割を担うこと」も求めているわけです。したがって、このようなやり取りをすることで、知的なアイデンティティーの一部として主体性の感覚が育てられることになります。

とくにここでは、「あなたはどうやって」という言葉が引き出す主体的な役割が大切です。「方法を教える」ことが重要だとよく言われますが、方法は知っていても「使いこなせない」例をたくさん見かけます。[*65] 方法を教えられることで知識を身につけても、必ずしもそれを使いこなすことや、まして や子どもが主体的な感覚を身につけることにはつながっていないのです。[(4)]

マリー・クレイはこの問題について、単に「方法を」教えるのではなく、「方法を自分のものにするために」教えることが大切だと主張しました。[*25] 方法を自分のものにするためには、子どもが自ら方法をつくり出すための場の設定が必要です。そのあとで、子どもといっしょになって、つくり出した方法について、主体的に語り直し、振り返らせる必要があります。その際には、「あなたは難しい言葉を自分で解明することができました。どうやったのですか？」のような問いかけが求められます。これによって、子どもは問題解決を自分でコントロールするまっただ中に放り込まれます。そればかりでなく「主体的に語る中で物事はコントロールできるんだ」という感覚を意識することも求められるのです。

これは、自分一人で問題の解決に向けて考えていくようにうながすだけでなく、その後に達成したことを自覚して振り返らせるもので、「隠れていることを明らかにする」と呼ばれている方法です。この方法の優れた点は、子どもが実際に何かを構築したり問題解決したりできるということです。繰り返しになりますが、それが主体的な感覚の育成を可能にするのです。

ある研究者はこの方法を、教師が最初にはっきりと説明し、次に子どもが教えられたことを練習する「明確化して話す」方法と対比しています。[*23][(5)] 「明確化して話す」でも「隠れていることを明らかにする」でも、学ぶことについての意識はもつようになります。しかし、「明確化して話す」方法では実際に使いはじめる前に意識することが求められます。これに対して、「隠れていることを明らかにする」方法では実際につくり出したり、問題解決したりした後で意識するという違いがあります。これはとても大きな違いです。なぜなら、事前に提供されるメタ認知(6)はあまり役立たないことが多いためです。

マリー・クレイは、この点について、「私たちが読み手としてやることの多くは、ほとんど無意識下で行われています。そのため書かれていることを素早く、しかも効果的に取り入れることができるのです。ただし、そこでの意識はメッセージの内容そのものに注がれてしまうため、メッセージを受け取るために自分がしたことについては注目されにくい[*27]」と指摘しています。「教師が明確化して話す」ことよりも「隠れていることを明らかにする」ことのほうが、子どものその時点での理解を踏まえる必要があるため、より難しいとは思いますが、メッセージの受け取り方に注目できるという点でよりよい選択だと言えるのです。

「あなたはどうやって～したのですか？」と質問することは、自分のしたことをはっきりと言葉にすることで、その方法を他の生徒たちに教えるといった別の効果があります。知識がすべて、教室の中で権威をもった教師を介するというわけではありません。ですから、この質問にはとくに価値があると言えるでしょう。つまり、上下関係のない教え合い・学び合いが実現するのです。このようなやり取りに慣れれば、子どもが自分たちでそのようなやり取りをし続けられるようになる可能性が広がります。「何をどうすべきか」を言われることなく、「自分でどうしたらいいのか」が分かるようになるのです。

読者であるあなたは、「もちろんそれは、とてもよいことです。でも、どうやってそんなやり取りを増やせるのですか?」と尋ねるかもしれませんが、次に紹介する質問がその答えになると思います。主体的な物語をつくり上げるためには、まず、子ども自身が問題に出会わなければならないのです。

「今日はどんな問題に遭遇しましたか?」

これだけを問うとしたら、ありきたりな質問に過ぎません。誰しも問題には遭遇するものですから。しかし、これは次の「その問題に直面し解決したこと」について語らせることにつながる質問となります。子どもに問題を特定させるのと同時に、「それらを学ぶためによい機会」だと捉えさせるわけです。そのうえで、主体的な物語をつくり出すのに役立つ「その問題をどのように解決しましたか?」という質問につなげていくのです。

これはたとえば、次のようなやり取りに広げることもできます。

・他に同じ問題を抱えた人はいますか？　あなたはどう解決しましたか？
・他に解決する方法はありますか？
・その問題に遭遇したときは、私だったらこのようにします。

やり取りのどれもが主体的な可能性をさらに広げるものばかりです。もちろん、ある子は、「その問題の解き方を○○さんに教えてもらいました」と答えるかもしれません。しかしそのような場合でも、答えを見いだせないときなどは、他の選択肢を考える前に、それまではできていたといった主体者としての意識や、学んだことを思い出すことも必要だということを明確にして語り直させることができます。具体的には、「誰かに尋ねることは、問題を解決するよい方法です。そうすることで、次は自分で解決できるようになりますから。他に考えられる方法はありますか？」などと問いかけるとよいでしょう。

このように選択肢を自分でつくり出し、内面化させる問いかけを行うことで、子どもが次に必要な場面でその方法を使いこなせる可能性を広げます。子どもが問題を目の前にしたときに、たとえば、「あなたは何ができますか？」と尋ねることはとても有効です。「自分には何かができる」という形で自分に主体性があることを思い出させ、実際に試したかどうかを問うことなく、その可能性を探っていくことを求めるのです。「試してみなさい」や「何が正しいと思いますか？」といったすでに存在している特定の方法を練習させるような投げかけとは違って、子どもに探究と方法についての選択を委ねるわけです。これは「自分の中で解決法を見出す」ことに向けた教え方の一つであり、教師のサポートから子どもが自由になることを意味します。*25

「あなたはこれをどうするつもりですか?」

計画する（「どうする」）ということは、物語を豊かにつくり出していくことを意味します。やり方をしっかりと考えることは、とくに意識的な行為であると言えます。ある地点に至るには計画を立てる必要があり、それが大変主体的な行為となるわけです。

この質問がどのような意図でなされているかについて考えてください。ポイントは、「子どもはすでに計画を立てている」と仮定されている点です。計画を立てていなかったり、計画自体を思いつかなかったりした子どもは、この質問にまごつくかもしれませんが、実行可能な計画と、実行のために何が必要かを考えはじめることになるはずです。

しかしながら、計画することが常にこうした直接的な扱われ方をされているというわけではありません。たとえば、「今日中に、理科の実験と算数もしなければならないのですが、あなたたちは、手紙を直し終えるのにあとどのくらいの時間が必要だと思いますか?」という質問がなされたとします。このような「すぐにやる」タイプの計画（教室で私たちは常に計画しています）について言えば、子どもたちは「何をしていいか」という選択はできないにしても、「時間の使い方」については選択することはできるはずです。そこで、活動にどのくらい時間をかけたらよいかについての分析を子どもに求めるわけです。これは、計画するということの本質と言えるでしょう。「残りの午後の時間をどのように過ごしたらいいのかをいっしょに考えましょう」と呼びかけていると言えるのです。

つまり計画するということは、主体的に物語り、その可能性を思い描くことであると言えます。ものごとが終わった後には、「あなたは～をどのようにやったのですか？」や「あなたの計画は役に立ちましたか？」といった質問をしたり、途中で「あなたが立てた～のための計画の具合はどうですか？」といった質問をしたりすることで、振り返らせることもできるのです。

「この文章はここからどう展開するのですか？」

前の質問と同じように、この質問も計画に関するものですが、すでに計画を立てているという前提がないと答えられないため、やや強引に見えるかもしれません。ここでは、「あなた（生徒）はある目標をもって文章を書いている」ということが前提にされています。つまり、あなたは目標を明確にもっており、おそらく計画も立てているということが前提になっています。この質問に答えるには、主体的に物語ることが求められます。文章を書いている段階では、「自分が何かある目標に向かう」という可能性は考えていなかったのかもしれません。しかしこの質問によって、自分の文章にはそのような可能性があることに気づき、長い目で見れば「目標を設定し、計画を立てて行動を起こし続ける」ことにつながるかもしれないのです。この質問をすることで、「そこにたどり着くために、あなたは次に何をしますか？」「それを実現するためにどのような計画を立てますか？」といった主体的なやり取りに展開していくことができます。

「確かなのはどこで、不確かなのはどこですか？」

この質問は、単語のスペルの間違いに気づいた子どもに向けられたものです。[7] 子どもの注意を、まずは「できている」部分に向け、その後に「まだできていない」部分の解決に向けさせています。そうすることで問題点がより絞られ、扱いやすくなっています。

もし、この質問の後に、「その部分には別の書き方が考えられますか？」と聞かれれば、子どもはいくつかの選択肢を試すことができるでしょうし、正しい書き方が分かるかもしれません。このようなやり方によって単語を綴ることに成功していくのです。さらに、「あなたはどうしてそれが分かったのですか？」という質問をすれば、主体的に語るというだけでなく、どのように問題を解決したのかについて、そのやり方を詳しく語ることにもつながります。

右記の質問にある最初の部分「確かなのはどこ？」は、たとえ部分的にではあっても、「できている」ところに注目させるものです。そればかりでなく、主体性の感覚を養うためには成功体験が大切であることも思い出させています。ただし、この先生の試みが成功したか否かについては判断に迷うところです。

なぜなら、二人の子どもが同じ単語のスペルを間違ったとします。正しい部分と間違った部分のどちらに焦点を当てるのか（あるいは、読み手に対して期待したとおりの効果があったかどうか）によって、一人は成功と捉え、もう一人は失敗と捉えてしまうことがあるからです。

子どもとのやり取りにおいて、私たちがどのような言葉遣いを選択するかは、学習活動の枠組みを左右するだけでなく、主体性の感覚を育成することに大きな影響を与えるのです。

主体性をそこなわない形で褒め、選択肢を提供する形で次のステップを考えさせる

「あなたが書いている作品の主人公の会話を読んで、彼にとても興味をもちました。さらに、もし、『彼がどういう言い方をしているのか』や『彼がどんなふうに見えるのか』について描くことができれば、彼をもっと身近に感じられると思います」

この発言も、最初の部分でよい点を具体的に指摘しています。とくに読み手に与える効果の視点からよい部分を述べると同時に、書き手の主体性を強調しています。また、直接的に褒めることも

避けているのが特徴です。褒めることは、褒めた人への依存関係をつくりかねません。この発言は、書き手に自分の努力や成功を自分自身で判断することもうながしているのです。

しかしながら、何がよかったのかを指摘するだけではやはり不十分です。教えるためには、褒めるだけでなく次の成長に必要なことを言わなければなりません。教師はこの投げかけの後の段階こそが重要だと分かっているため、つい次のように言ってしまいがちです。

あなたが書いている作品のセリフから、その主人公に興味をもちました。でも、あなたは～をしていませんでしたね。

「でも」というたった一つの言葉が、効果的なフィードバックを台無しにしてしまいます。最初の言い方では、「でも」の代わりに「さらに」が使われていました。これがまさに重要な意味をもっています。なぜなら、前半部分の肯定的な意味合いがそのまま残るだけでなく、残りの後半部分が「さらに、もし～すれば……」とつながっていくからです。

このような投げかけの構造は、未来を切り拓くものだと言えます。そこには「読者への影響」「影響をうみ出す方法」「子どもが主人公や主体者となった物語」といったことが含まれています。同時に、それは未来を変えるドアも開けてくれるのです。仮定を示す「もし」という言い方であれば、子どもに何かを強制することはありません。「さらに」というたった一つの言葉が、そこでのやり取りの全体構造を変えたのです。それが、教師の言葉を実際に受け入れようとする動機づけや、さらには子どものアイデンティティーにも影響を与えるのだと言えるでしょう。

ここまでの議論は、必ずしも、「でも」という否定的な言葉の価値を無視するものではありません。「でも」には、問題解決に向けて矛盾を示すという別の役割があります。たとえば、次の言い方に注目してみましょう。

「行《い》った」だと、ここの意味が通るなあ。でも、もし「行った」だったとしたら、文字の綴りの点からはどうかなあ？　ぴたっとするかなあ？

このような問いかけは、解決すべき問題を提示しようとしており、多くの場合、もう一度考え直すよう求めることになります[*27]。それでも、最初に肯定的に認め、「『行った』だと意味が通るなあ」という言い方をしていることに注目してください。これは「クロスチェック（複数の視点から確認すること）」というやり方をはっきりと述べている部分です。「意味」と「文字の綴り」の点からクロスチェックができたのは、その子のおかげであると断言してもいるのです。

クロスチェックをしてもしなくても、言い換えをすれば、その子のやり方が否定されにくくなるのです。もちろん、どんな場合でもそうなるわけではありません。そうなるのは、別々の二つの「証拠」をクロスチェックすることが含まれているときです。つまり、「その文脈で意味が通る」ことと、「その文脈でよく使われやすい文字と音の対応関係」をそれぞれ個別にチェックしているときなのです。

適切かどうかを「複数の証拠をもとにきちんと確認すること」は、説得力をもって物語を語る際に重要なことです。そうではない昔ながらのやり方をしている子どもに対しては真剣に説得しなければなりません。あなた自身、昔はそのような状況だったのかもしれませんが。(8)

また、「さらに、もし〜」における「もし」に言及しないわけにもいきません。ライティング・ワークショップ中のカンファランスで、「もし、猫について情報を加えるとすれば、あなたはどこに書き足しますか?」と言うのか、それとも、「猫についての情報を書き足しなさい」と言うのかでは、子どもに大きな違いをもたらします。[*53]

前者は情報を加えることの大切さを強調しながらも、実際に加えるか否かの選択肢を子どもに委ねています。しかし、後者はそうした選択をいっさい与えないため、結果的に主体性も弱体化させています。つまり、「質問の形で提示」するのか、「指示の形で提示」するのかは、「動機づけ」「主体性」「アイデンティティー」に大きな影響を与えると言えるのです。(9)

「それは、ケヴィンの物語のようですね。ケヴィンは主人公に興味をもってもらえるように、主人公を孤独な少年として描きはじめていました。（ケヴィンの方を見ながら）あなたはそのように意図的な選択をしたのですね」[*70]

ここでのキーワードは「選択」です。選択は主体性の中核をなしています。選択をするためには行動しなければなりませんし、可能であれば、熟考して行動することが求められます。私たちはしばしば、他にも選択肢があることを忘れてしまい、決まりきったやり方で行動したり、特定の視点だけでものごとを捉えたりしがちです。

この投げかけは、他にも選択肢があることを示しています。ケヴィンの作品を子どもたちみんなが認めている本物の作家の作品と関連づけて、そのよさを具体的に指摘することで、「ケヴィンも作家である」と捉えていることを示しています。同時に、ケヴィンとクラス全員に対して、作家は意思決定をし、意識的によく考えて書くことを思い出させています。クラス全員に、ケヴィンを作家として扱うようにうながしているわけです。さらに、本を出版している作家と教室の作家ケヴィンとの間にある垣根を取り除くようにもうながしています。

また、ケヴィンを主体性と力をもった作家として認めつつも、単に褒めるだけではありません。公に認めるという情報提供をデメリットなく、実現しています。公的な場において、「ある子どもを称賛すること」は、残りの子どもたちを称賛しないという意味でのリスクが生じます。たとえば、

「これはよいですね」と褒めた直後に、別の子どもに「これはとても素晴らしいですね」と言ったならば、前者は気のない褒め方でしかなかったことが誰にでも明らかになってしまうのです。

また先述の投げかけの「選択」の部分は、選択の過程の本質についてより効果的に語ることを可能にしてくれます。たとえば、「あなたはこれを詩に書くことを選択したようですが、どうしてですか?」と問うことで、無意識の判断だったかもしれないものを言語化することになるわけです。こうした問いは、書き手として判断をした根拠を説明するように強く求めることになります。同時に、作家としてのアイデンティティーを身につけさせ、物語を語らせてもいます。それによって、ジャンルの選択を含めて、書き手が行う多様な選択についての話し合いをクラスで行うことができるようになるのです。

子どもは、ときとして満足のいく行動がとれないことがあるため、教室でのやり取りにおいては選択をさせることが重要になります。その最初のステップは、「行動は選択の結果である」ということを思い出させることです。そのうえで、「他の可能性」や「選択による結果」を考えさせることが必要になります。その際、異なる選択をいろいろ思い描くことが大きく役立ちます。

子どもは、選択できることに気づくことができないため、自分のやっていることが「選択の結果である」とは思えません。自分にはそれしかないと思い込んでいるのです。そういうときには、「もし～だったらどうだろう」と可能性を投げかけたり、異なる情報源を紹介したりすることで、新しい可能性を見出せるように後押しをします。たとえば、「よく知っている作家なら、これをどのように解決すると思う?」や「よく知っている作家なら、どうすると思う?」といった問いかけをしてみるとよいでしょう。

これらの質問は、意識的な選択の必要性を思い出させるだけでなく、選択肢を考える際の情報源を提供することにもなります。[10] このようなやり取りは、ジェローム・ブルーナーが意識と行動の「二重の景観[11]」と言ったことと関連します。[*17]

「なぜ〜」

「なぜ」という質問は、探究するうえでの要です。「なぜ〜なの?」という質問をしはじめる幼児は、ものごとの働きを知ったり、その限界を知ったりするのに、これほど便利なものはないことにすぐに気がつくことでしょう。「なぜ」という質問は、科学や論理の基本として位置づけられているだけでなく、子どもの説得力や討論力や論理的思考力などを磨くのにも役立ちます。後で述べるような、言葉に満たされた生活を営むうえで必要な感情と理性の両面のバランスを取る手助けもするのです。

「なぜ」という質問は、探究の過程やその価値を振り返ったり、意識化させたりするものであり、論理的な行動や意思決定にも活用できます。子どもたちが実際にしたことについて、なぜそうしたのか、なぜそう言ったのかと尋ねることは、それらを意識化し、自分がしたことに対するオーナーシップ(12)をもたせることにつながります。「なぜ」は、行動の下に隠れた感情、意図、関係、動機、論理、価値、計画などを意識化させ、物語を動かす隠れた「てこ」の役割も果たすのです。

「なぜ」という質問は、本の中に描かれた登場人物の行動に応用しても同様の効果をもちます。「彼女はなぜそうしたと思いますか?」のように、子ども自身の生活と意図的に関連づけたときには、とくに効果的に働きます。重要な案件について教室で話し合うときにも、同じ原則があてはまります。どれを選ぶのかといった利用可能な解釈の枠組みを増やすといった利点があるのです。しかし、もっと重要なことは、次の投げかけを見るように、書き手としても幅広く活用できることなのです。

「作者は、なぜそのような書き方をするのでしょうか?」[*70]

この質問は、書くことは「完全に意図的なもの」であり、しかも、「普段行う意思決定の過程でもある」とみなすように求めます。書くことはきわめて意図的なことであるということを会話の中で習慣化することが、クリティカル・リテラシーを育む素地となります。読むときにも、言葉の選択、考え方や信条、あるいは個人的な関心を強くもたせるような可能性を開くのです。

これは読み手である子どもに、書き手の役割を思い起こさせます。読むことと書くこととの橋渡しができ、片方で学んだことをもう一方で使うきっかけを提供するわけです。自分が他の書き手であるかのようにイメージするためには、社会的な想像力が必要になるのですが、この点については第6章で詳しく述べていきます。

作者がなぜある特定の選択をしたのかを考えることで、異なる方法を試してみるという選択をすることができるようになります。たとえば、「作者は他にどのように書くことができたのかな？」と問うことでそれが可能になるのです。もちろん、子ども自身が書いた作品に対しては、「あなたはそれを他の書き方で書けたのかな？」と質問をすることもできます。両方とも、読み書きが関連していることを考えさせてくれます。

・作者はなぜその言葉を選んだのでしょうか？
・他にどんな言葉を使えたでしょうか？
・登場人物を表すのに使った言葉は、私たちの印象を変えたと思いますか？

こうした質問は、すべて「意図的で政治的な作家であることの本質を生徒が獲得するのは当然だ」と主張するための理にかなった試みであると言えます。[13] これが獲得されれば作者の意図を踏まえて読むことができるようになります。そうなると、よりクリティカル[14]に読めるようにもなるでしょう。このようなやり取りの中で子どもは、作家が計画的に除いたもの、たとえば、意見や視点、あるいは細部にわたる詳細な記述などを補いながらイメージを広げたり、自らの読みをコントロールしたりしはじめるのです。

次に見ていくように、話し合いの中で他の子どもの視点が頻繁に引き合いに出されることも、この点に強い影響力をもっています。

語ることのパワー

本章の質問や投げかけの例は、自分がしたことを主体的にもう一度語らせるものばかりでした。ここまで紹介した質問や投げかけを習慣化することで、「努力すること」「もがくこと」「気づくこと」「創造すること」といった、言葉ではっきりとは説明できないようなことが意識づけられます。また、それらを実際に子どもたちがやってみることも期待できるのです。

何といっても、すべてのやり取りの根底にあるのは互いの関係性と、発言一つひとつの心情の拠り所なのです。これらは、語りをサポートし、その信頼性や説得力を増加させます。言葉は口先だけのお世辞などではなく、真剣に使うものであることを子どもに納得させなければなりません。子どもが納得したかどうかは、彼らの話の細部や話し方を見ればおのずと分かるはずです。

ところで、主体性を受け入れることは、ときにリスクを伴います。主体性がなく、受け身でやったことであれば、たとえ失敗をした経験を語るときであっても、その責任の重さに押しつぶされずに済むことでしょう。しかし、主体的な役割を受け入れていれば、「その失敗は誰の責任なのか？」を問うような会話がなされたときに責任を引き受けるというリスクが生じるのです。少なくともはじめのうちは、成功が約束されている中で主体性を育てることが大事であるとする理由がここにあります。

しかしながら、場合によっては失敗のような、否定的なエピソードを取り扱うことも重要な意味をもつかもしれません。否定には物語を語るうえで大切な役割がいろいろあるからなのですが、もっとも大切なことは、「失敗体験とは、次を予測するために役に立つものである」と捉えることです。これが、「今日はどんな問題に遭遇しましたか？」という質問を習慣化することが大切になる理由です。子どもが何かに挑戦し、成功できなかったときには、その失敗を「将来役立つような語りやアイデンティティー」に向き直させる必要があります。もし、子どもがまったく間違いを犯していないのだとしたら、その子は学びの環境に身を置いていないとさえ言えるかもしれません。

子どもは失敗したと思われたくないために、綴りを間違えることがないような簡単な言葉ばかり使って下書きを書いてしまうことがあります。このようなときには、「新しいやり方や可能性を模索することがよいことなのだ」とはっきり価値づけをするとよいでしょう。たとえば、次のように言うことができます。

今日、下書きを書くときに新しい言葉や難しい言葉を試してみた人はいますか？（中略）素晴らしい。ぜひ説明してください。（中略）それは、作家のウィリアム・スタイグが書くときにする方法ですね。彼はおもしろい言葉を使います。他に、新しいことや変わったことに挑戦した人はいますか？

また、子どもの失敗体験が描かれた物語を新しい枠組みで捉え直すことでも、失敗を成功に転換することをうながすことができます。学び手、書き手、読み手、そして一人の市民としてのアイデンティティーの形成に失敗体験がどう役立つのかを説明することができるのです。たとえば、「確かに、あなたはそこで問題にぶつかりました。でも、私はあなたが自分で挑戦したということはとてもよかったと思います」といった具合にです。

他にも、子どもが成功したことに注目させ、そこで下された決断や方法について改めて考え直し、それが成功にどう寄与していたのかを示してあげることもできるでしょう。これによって自分の能力や努力することの価値に対する見方を高めることができるのです。[*107]

しかしながら、「あなたはとても努力したわね」と子どもの努力に注目させたり、また、「あなたは頭がいいわね」といったように、その子の資質に注目させたりするだけでは、有益な物語を十分に形成させることはできません。

私たちは教師として、子どもの主体性の感覚を最大限に高めようとしています。教師が子どもの主体性を伸ばそうとする際には次の三つが必要です。①人は他者や環境に影響をおよぼす存在であるという考え方、②リテラシーとは何かについての理解、③影響を与えられなければ、次にまた違った方法を試せばよいという考え方です。

よく組織化され、次に何をするのかが予測できるクラス[(15)]は、子どもの成功を可能にする①から③の育成に大きく貢献します。これは、子どもたちに解くことを迫る問題を提供することでも可能です。[(16)]しかしこの場合、子どもが物語の中に浸っていたとしても、その物語において、言葉を使う中で見られる「リテラシーに関わる主体性の本質」や「個々の主体的な役割」をしっかりと強調することが大切です。私たちは、これがとても効果的であることを知っています。

子どもたちの学習面における主体性の感覚を高めるためのもっともよい方法は、効果的な方法を教えるだけでなく、それを実際にやってみることです。実践を重ねていく中で子どもたちは、成功や失敗を、自分が下した判断や行動と関連づけながら説明できるように後押しされます。そうすることで、子どもは自分がしたことについての主体的な物語を語ることができるようになるのです。こういった方法は、子どもたちの主体性の感覚を高めるばかりでなく、それ以降の学習活動における取り組みや動機にまで好影響を及ぼすことが分かっています[*49・124・129]。

あなたはすでに気づいたかもしれませんが、子どもは小さいときから家庭で聞かされてきた多くの物語をもって学校にやってきます。それらの物語には、「誰がどの役割を担えるのか」などを含めて、将来の子どもの語りを形づくるさまざまな型がしっかりと組み込まれています[*108]。

子どもたちは、特定の役割は女の子には無理だということ、それらの役割に欠かせない感情や行動があること、特定の行為（たとえば、読書する男子や議論する女子）がどう思われてしまうのかなどについてすでに学んできています。こういった主体性のありようをそれとなく学んできているのです。母親は娘と息子にある出来事について再話するときの仕方を（とくに感情的なことを伴う場合は）微妙に変えます。たとえば、おもちゃを横取りされて勝手に使われたときに、娘に対しては悲しみを強調するのに対して、息子に対しては怒りを強調するといったように[*47]。つまり、主体性と結びつく感情はそれぞれまったく異なるのです。学校における私たちの仕事は、子どもたちがそれを自由に選び取れるような主体的な物語の可能性を広げることであると言えるでしょう。

男子と女子とでも、成功と失敗について語る物語に違いがあります。男子は主体性との関連でいえば、成功については多くを語っても、失敗についてはあまり語らない傾向があります。一方、女子はその逆です。

このように、すでに文化的に形成された物語を通して、自分の成功や失敗を体験するように、子どもたちは残念ながら仕向けられているのです[*20]。私たちの役割は、このような一定の傾向を変えることだと言えます。そうすることで男子も女子も、自分が判断する選択の結果や、選択する方法について、より前向きになれるはずです。私たちは、子どもたちが主体的に物語を話すことができるように、選択することやそのための方法を彼らの目の前に示します。実践したことを再構築できるよう手助けしたいのです。

主体性の強弱は、個人の人生はもちろん社会のあり方にも影響する

子どもに主体性の感覚をもたせることは、きれいごとでも実現不可能な進歩的考えでもありません。

自分の能力に自信がもてない子どもは、低い目標を設定することで簡単な活動を選択してしまいます。計画を立てることも十分にできません。困難に直面すれば混乱し、集中力を失い、自分の能力のなさについて語り出してしまいます。そのような子どもは長期的にみても、やる気をなくし、努力することも減り、十分なアイディアをつくることもできず、受け身になりがちです。

それに対して、強い主体性をもった子どもは、一生懸命に勉強し、集中して取り組み、学習することも大好きです。困難に直面しても、主体性が弱い子のように投げ出しません。[*129] こうした子どもは、自分には能力があると思っているため、よく計画し、挑戦しがいのある課題を選んで、より高い目標を設定します。

困難に直面したとき、あるいは、さらなるスキルを学ぶ中で困難さを感じたときにこそ、子どもの集中力は本当に向上します。もちろん、その過程全体は循環しており、それらが絡み合って学業面での成功をもたらすのです。その結果、主体性の感覚もまた強化されていきます。

自分の学びにまったく主体性をもてないと判断すれば、個人的な経験という点からも、将来的な可能性という点からも、子どもの学びは限定されてしまいます。主体性を強くもっている子と、主体性が弱い子の成績の差はますます広がる一方になります。小学五年生ぐらいからそれは顕著に表れます。

リテラシーと学びにおける主体性は、個人の能力や幸せやその成果においても中心的な役割を果たします。[*42・65・129] しかしそれだけではありません。個人の主体性だけでは足りないことは確かですが、民主的な生活を送るうえで必要不可欠なものなのです。第6章と第7章で見るように、「個人的な主体性」と「集団的な主体性」の両方を育てることが大切になります。なぜなら、一人だけでは影響力をもつことのできない状況があまりにも多いためです。また、集団的な主体性は、集団に所属することを通してアイデンティティーを発達させる可能性も提供してくれます。「自立すること」（それ自体が主体性の要素）と「集団に属すること」との両方が、子どもたちのクラスでの積極的な取り組みに好影響を与える重要な要因であることが明らかにされているのです。*13・120・140

注

（1）原著では、「主体性の活性化」を「主体性の火花が散る」と表現しています。著者にとって、主体性とは静的なものではなく、このように動的で勢いがあり熱さを感じるようなものなのでしょう。

（2）25ページの注⑿を参照ください。

（3）あるいは、人格形成や生き方そのものにまでも影響を与えるのかもしれません。

（4）これまで長い間、日本の教室で行われてきたことが指摘されているようです。この後で紹介される「～を教える」ことと「～を自分のものに（して行動）するために教える」ことの違いに、訳者の一人の吉田が最初に出会ったのは、平和教育や人権教育などに取り組んでいた一九八〇年代でした。単に知識としてそれらを扱うのではなく、具体的な行動を起こすために教えることとの違いとして、これらの言葉が使われていたのです。日本の多くの教室、そして多くの教科指導では、いまだに前者に力点を置いて行われているのではないでしょうか。

（5）教師が「明確化して話す」方法は、典型的な一斉授業のやり方であると言えるでしょう。それに対して、「隠れていることを明らかにする」方法は、本書で繰り返し紹介されているリーディング・ワークショップやライティング・ワークショップであり、問題解決学習や探究学習などであると言えます。

(6) メタ認知とは、自分が考えていることについて一段高い位置から捉えなおすことです。

(7) ここで扱っているのは英語の単語ですが、このやり取りは漢字の学習に応用できるでしょう。

(8) 自分の出した答えを信じて疑わず、個人内で終始するような従来然としたやり方のことです。

(9) たとえば、部活動においてこれらについて軽視されてきたことが、NHKのテレビ番組の「世界の最強コーチによる奇跡のレッスン」(とくに、ハンドボール編の前編)からよく分かります。近年、「強制」ではない部活動の指導にも注目が集まりつつあります。学習指導や部活動での指導が、「強制」型になるのかならないのかについては、指導者による声かけ、あるいは指導者と生徒との関係に起因しているのかもしれません。

(10) 注(9)とも関連しますが、こうしたやり取りが子どもたちとはもちろんのこと、教師たちへの投げかけや教師間のやり取りの中でも、今まさに多くの教室や学校で求められているのではないでしょうか。

(11) ブルーナーは、物語の解釈を深める方法として「二重の景観」という考え方を示しています。物語の中では、書き手から見た景色と作中の登場人物から見た景色とが複雑に絡み合っていて、同じ登場人物であっても、主人公とその他の人物からであると見え方に違いがあり、それらの絡み合いを通して物語の解釈も多様になされるのだと述べています。

(12) 「自分のもの」と思える感覚や意識のことです。

(13) ここで述べられる「政治的な作家であることの本質」とは、作家の言葉の選択が政治的信条を表し、読者の信念や感情、あるいは価値観などに影響を与え得るということを指しています。

(14)　クリティカルという言葉は、一般的には「批判的」と訳されますが、はるかにそれ以上のものを含んでいます。与えられた情報や状況を鵜呑みにしないことはもちろんですが、「大切なものを選び取る」（逆にいうと、「大切でないものを排除する」）という選択まで含まれるのです。

(15)　「よく組織化され、次に何をするのか子どもたちが予測可能なクラス」とは、たとえばリーディング・ワークショップやライティング・ワークショップのクラスのことです。ここでは、子どもたちは一年間のサイクルと一時間の授業のサイクルをわきまえており、したがって、たとえば科学者が、ほとんど毎日することが決まっていても創造的な仕事ができるのと同じ環境を、クラスの中につくり出すことに成功しています。

(16)　これは、探究学習やＰＢＬ（プロジェクト学習や現実にある問題を解決する学習）と呼ばれる学習を通して可能です。

第5章

柔軟性と、活用すること

私の同僚が、書くことを学んでいる娘さんのことについて話してくれました。彼女の受けもちの教師が、保護者面談の中で、彼女の文章のできが悪いと同僚に話したそうです。同僚は、娘は家ではとてもよい文章を書いていると抗議したそうですが、その教師は自分の主張を裏づけるために娘が学校で書いた文章を示してくれたので、同僚は受け入れざるを得ませんでした。

同僚は、帰宅後に娘さんとこのことについて話し合いました。その結果、娘さんは学校と家での書くことがつながっているということに驚いていました。普段家で文章を書くことと、学校で勉強として書くことに関係があるなんて思ってもいなかったのです。

私も小学校で教えていたときに、似たような経験をしたことを覚えています。子どもたちは、算数で面積を計算する方法が、生活の中で庭の広さを計算するときにも使えるとはまったく思っていなかったのです[(1)]。家と学校という二つの空間を厳格に分けており、両者は関わり合わないと信じ込んでいました。生活空間が異なれば、異なる物語（異なるジャンルや状況や登場人物や目的）になると思い込んでしまっています[(2)]。

これらは活用[(3)]（一般化）の問題です。ある状況や問題から学んだことが一般化されず、他の状況に応用できないという問題です。多くの教師と研究者は、長年この問題に悩まされてきました。しかし一方で、子どもたちが学んだことを自由自在に一般化している教室も確かにあるのです。

たとえば、ある教室では子どもたちが「登場人物になりきる」という、登場人物の視点から考えるという方法を使っていました。その後の理科の授業で小ガモについて学ぶときに、ある子どもがまさにその方法を用いました。小ガモの視点に立つことによって、どのように行動するのかという仮説を立てたのです。実はこのとき別の子どもも同じ目的でこの方法を使いました。この子はそのことに気づくと、クラス中に「彼がやっていること（と同じ）だ！」と指摘したのです。

私たちは、子どもの学びを教科によって分けて捉えがちです。しかし、教科の壁を低くすることで、学んだことを活かして別の教科でも問題の解決を行うことができるようになるのです。

ここで取り上げた子どもたちは、与えられた目の前の問題を解決するために、それぞれの状況に適した方法を柔軟に選択してもいました。同じ方法を繰り返すだけ、あるいは一回試すだけで終わりではなく、いくつかのやり方を試していたようなのです。

いったい何がこのようなことを可能にするのでしょうか？　書くことにおける子どもの主体性が「読むこと」や「算数での学び」で活用されるように、教師はそれぞれの活動の場への橋渡しをどのように行えばよいのでしょうか？　すでに学んだ方法を、新しい状況に柔軟に応用させるには、教師はどうしたらよいのでしょうか？

実は、これまでの章の中に、こうした柔軟性や活用に関係する要素が多く含まれていたのです。たとえば、子どもたちに、ある役割になりきるようにうながすことは、効果のある一つの方法です。このことについて考えてみましょう。

ある役割になりきることと選択肢を提供することで、より柔軟になる

小売店の店主の見習いとして働く高校生たちと、実際の小売店の店主たちにはどのような違いがあるのかについて、数学の学習という点から比較した研究があります。両方のグループは数学的な能力を向上するために成人教育の講座をとっていました。[*12・28・(4)] あなたは、どちらのグループで数学の能力がより向上したと思いますか？

調査の結果、小売店の店主たちの方が数学的な能力が高まったことが分かりました。その理由として、成人教育の講座の教室の中と外それぞれの状況で、同じ目標をもっていたことがあげられます。店主たちの目標は、どちらであっても「仕事の利益をもっと増やす」ということでした。それに対して高校生たちは二つの状況で別々の目標を設定していました。教室内では「知識を得ること」であり、教室外では「利益を上げること」が目標だったのです。実はこれこそが、綴りのテストのために単語を学習しているのに、なぜ書くときにはそれが活用されないのかの説明にもなっています。

いったん、「自分は文章を書く作家である」（科学者である、数学者であるなど）という感覚を自覚できれば（アイデンティティーをもつことができれば）、たとえ意識しなくても、「作家ならどうする

か」を考えて新たな状況に対応できるようになります。なぜなら、こうした役割はたった一つの状況に閉じ込めることはできないからです。自分自身をある作品の作家だとイメージできれば、書く活動での経験を、読み手としての活動の際にも活用できるようになるのです。

以下に紹介する教師の発言の例は、いままで見たことがないものかもしれませんが、子どもたちに活用と柔軟性を奨励する手助けとなるものです。

「物語をつくりはじめるときにやることの一つは、自分が何を知っているのかをはっきりさせることです。数学者も同じようにやっています。さあ試してみましょう！」[*4]

子どもたちが新しいことをはじめようとするときには、「すでに知っていること」や「分かっていること」を思い出させるようにするとよいでしょう（「既有知識の活性化」という専門用語でも知られています）。これにはいくつかの働きがあります。

第一に、新たに直面した問題について、すでに解決した経験のある問題や状況の中に置いて考えるようにすることで、解決すべき問題の大きさを心理的に縮小できます。第二に、「新しい知識」と「すでに知っていること」との間をより深くつなげる可能性を開くことができます。しかしながら、こうした考え方には、さらに追加のステップが必要になります。

一つは類似性を重視することです。読み手が遭遇する課題は、数学者が遭遇するものと似ています。新しい問題を柔軟に解決する能力は、最初にその問題をどうみなすかにかかっています。他の問題と類似した馴染みのある問題と判断するかどうかで、問題解決の方法に違いが出てくるためです。[*78] このようなことを知っていれば、「これまで似た問題がなかったかどうか」を探す範囲が広がります。取り組む活動の表面的な構造を捉えるのではなく、それを超えて「比喩的なレベル」で捉えること（ある問題と別の問題とを類似性で説明すること）ができるようになるのです。

もう一つは「～してみましょう！」という言い方を重視することです。教師と子どもが協力して問題解決に挑めば、異なった問題のあいだにある壁を壊すことに役立ちます。なぜなら、それぞれの協力者たちが、問題に対する別の異なったものの見方をもち込むことがあるからです。たとえ馴染みの薄い問題であっても、他者の指摘によってあたかも馴染みのある問題であるかのように捉えることが可能になるかもしれません。(5) これについてはまた後で触れます。

「他に方法はありますか？」

子どもが問題を解決する瞬間は素晴らしいものです。そして、どのように解決したのか、その物語を聞くことは私たち教師の楽しみでもあります。しかも、その過程で回答する子どもの主体性の感覚が形成されるのです。実はこの後こそが、「他にどんな方法で解くことができたか」を尋ねるのに最適なタイミングと言えます。これによって柔軟性の感覚を養いながら、「常に他の方法がある」という選択肢（つまり主体性）の可能性を広げることに役立ちます。

たとえ、問題解決がうまくいかなかったとしても、そこには可能性が残されています。うまくいっていた部分について指摘し、「何か他の方法で試してみたいことはありますか？」といった質問をすることで「選択肢」について考えさせることができるのです。これは、振り返ることで「選択肢があったんだ！」と強調することであり、文章を書くときには、あとから修正や校正ができる可能性に気づかせることだとも言えます。ただし、このような質問はリスクも伴います。[6] だからこそ、何より安心できる関係が求められます。過去に下した決定について再び探究し直すことをおもしろいと思えること、そして過去の決定を非難されないという普段からの関係が重要になるのです。「他に」は、とてもパワフルな言葉です。それは、柔軟性をもたらすだけでなく、他の重要なメッセージを含んでいることを暗に示しています。たとえば、「作者は他にどのような形でそれが言えたと思いますか？」と問うことは、常に柔軟に考えることに注目させるだけではありません。書くことは常に意図的であることにも目を向けさせます。さらに、書くことはある種の「結果」であることも示すのです。

普通なら気づかないこうした点に着目させるために、読み手の解釈を変えるような質問を投げかけてみるのもよいでしょう。「読み手は他にどんなことを知りたいと思いますか?」という質問も、「他にどんなことをその作品に含めることができるのか」という可能性を広げます。しかし同時に、書き手には「読み手に対する責任」があることも思い出させます。書き手は常に自分の作品に対して、「何を書き、何を書かないのか」(何を話して、何を話さないのか)という選択をしているのです。

このような考え方を読むことにおいて当てはめれば、「作者が私たちに語ってくれていないのはなんですか?」や「誰の視点は描かれていませんか?」といったクリティカル・リテラシーの中心的なやり取りを行うことができるでしょう。

「それは、~のようですね」

「~のような/~と似た」という言い方は二つの大切な働きをもっています。一つは他の経験、本、作者、状況、行為、言葉などとの「つながり」に注意を向けさせることであり、もう一つは他のものに「喩《たと》える」ことを可能にすることです。どちらもある知識やスキルを活用するときに行う理解や推測の基本です。

「つながり」は解釈や理解の中心であり、「どこに重点を置くべきか」や「どのように見直していけばよいか」を明確にしてくれます。つながりは、すでにもっている知識をしっかりつなぎとめたり、情報を見つけ出したりする際の手助けになるのです。つながりが多ければ多いほど、より柔軟にものごとに対処できるようになります。

ところで、活用するためには、活動と活動との間にある見かけ上の違いを乗り越えることが必要です。たとえば、インターネットのウェブページを読むことと、本を読むことは一見異なった活動に見えます。そのため、どちらかの活動で学んだことを、もう一方の活動に活用することは難しいのです。同じことは、異なる文章のジャンル間、あるいは読むことや書くこととの間でも言えます。より多くの活用を実現するためには、見かけ上の単なる違いを乗り越える必要があるのです。取り組む活動や問題や役割が「他とどう似ているか」を子ども自身で問えるようにうながさなければなりません。

これはものごとを字義通りに考えることを超えて、先ほどの「比喩[7]」のレベルで考えることを意味します。「〜のような／と似た」という単語は、喩えを引き出すのにとてもよいのです。子どもが「自分はこれについて何を知っているのか?」と問うだけでなく、「自分はこれに似たどんなものを知っているのか?」と問えるようになってほしいのです。

喩えて考えることは活用を容易にするだけではありません。喩えることで「理解すること」と「意味を深めること」の新しい方法も獲得できるのです。その新しい方法とは「知っていることに片足を置き、もう一方の足をまだ知らないことに置くこと」であり、これをとある研究者は「到達するための手段（reaching devices）」と呼んでいます。[*82]

たとえば、ジューン・ウィリアムソン先生は、並列回路を教える理科の授業の中で、「電流は別の経路を見つけます。それは、みなさんが渋滞に巻き込まれたとき、場合によっては渋滞を回避する別のルートを探すこともあると思いますが、それと似ています」[*140]と説明しました。直列回路については、アメリカ野球のワールドシリーズに喩えて「次々に試合をし、もしその試合に負けたとしたら、あなたはそこで終わりです」と説明しています。(8)

ブライアン・サットゥン－スミスは、心の基本的機能として「マルチ比喩（multi-metaphoric）」の機能が備わっていると述べています。これは幼児が喩えて考えることに非常に長けているのを観察したことで発見されたものです。[*131] 彼は「子どもがいったん話せるようになるとさまざまな喩えを言葉にしながら遊ぶようになり、それがずっと続いていく」と指摘します。具体的に二歳の孫娘が砂場で遊ぶ様子を次のように述べています。

最初は砂を注ぎながら飲料の「コーラ」と言い、それから砂を丸くして「卵」と言い、さらにはのばして「ソーセージ」と呼んだのです。その後で声に出してリズムを刻み、砂をたたきながら大きな音をたてるのですが、孫娘はそれを「歌」と言いました。まるで楽器の弦のように、声から生み出された比喩的な表現によって、子どもの手の中の物質（砂）に、多様に喩えられるもの（コーラ、卵、ソーセージなど）が注ぎ込まれたかのようです。

グレゴリー・ベイトソン[*11]も指摘するように、サットゥン＝スミスは、比喩は考えを発展させるために必須であり、それは形が似たようなものを見つけることによって可能であると言っています。「～のような／と似た」という言い方には、他にもまだ際立った特徴があります。この言い方を人に対して使えば、その個人や文化がもつ目立った行動様式よりも、それぞれに共通する人間性の方が強調されやすくなります。これは思いやりがあり、寛容なコミュニティーを形づくるのに寄与することでしょう。

しかも「～のような／と似た」は比較であるため、「互いの差異や欠落や分離」といった点に注目させる可能性も高めます。これらの点は問題設定や学習に関わるだけでなく、クリティカル・リテラシーにおいても重要な基盤です。私たちは他者との関わりを扱う際に、類似性だけでなく差異性について問うことができるのです。

想像を膨らませることで柔軟になる

「もし～だったら？」

柔軟に、そして比喩的に考えるためには想像を膨らませなければなりません。「もし～だったら？」という質問は想像をかきたてるものです。ある特定の方法やアイデンティティーだけが支配的なときに、その文脈（状況）を広げることができるのです。

（特定のやり方を突き抜けるような）複数の状況設定を子どもに対して提示することはなかなか難しいのですが、私たちは必要に応じて、「もし別の状況の中にいるとしたら」と仮定することや、学んだことや方法を試験的に使うことでそれを手助けできます。

たとえば、ある子が自分史を物語風に創作しているとします。登場人物についてどのように調べたかを話した後であれば、「もしもあなたが、理科のレポートを書いているとしたら、そのうちのどの方法が使えると思いますか？」と仮定するような質問をするとよいでしょう。

「もし～だったら」や「～としたら」には、さらなる利点があります。こうした投げかけをすることで、仮説を立てながら話す能力や、抽象的に考える能力が高まるのです。これは頭の中で試す思考実験の際の基本であり、「現実はそうなっていたかもしれない」という複数のバージョンの可能性を理解するよい機会となります。こういった能力は、個人レベルで積極的にものごとを選択するときでも、民主的に生活するために集団レベルで協力して意味をつくり出したり、解決法を考え出したりするときでも基盤となるものです。

同時に、これらの質問は子どもの話し合いのスキルを発達させます。「もし～なら、～（になる／

が起こるかもしれない）」という言い方を導いたり、その背景にあるものを考えさせたりするためです。「もし～だったら」の質問が、子どもが語っている文脈の中で使われたなら、物語の構造の理解もうながすことができます。たとえば、もし主人公が異なる形であるできごとに反応していたなら、どのようになっただろうかと問うことは、子どもにその物語の新しいバージョンを考えさせることになります。そして、物語の中のさまざまな要素がどのように関係するのかということについても模索させるのです。

こういった仮定をうながす問いかけは、「世界」や「行動」や「選択」の探究に活用できるだけでなく、実際の結果を一切気にする必要がないというメリットがあります。

ライティング・ワークショップの開発者のドナルド・グレイヴスは、「あなたが、この物語の中にいくつかの会話を挿入することになったと仮定しましょう。物語のどこに挿入しますか？」という仮定の質問をしています。[*53] この種の質問は、必要な学習を抵抗なくうみ出せると指摘します。なお、ここでいう抵抗とは、実際にそれをやるとなれば一定の努力を予想せざるを得ないという心理的な抵抗の意味です。「仮定」であれば、こういった抵抗がなくて済むというのです。

こうした質問は、子どもの創造的な可能性を広げ、何のリスクもなく必要な指導を達成できるものです。もちろん、一度その可能性を頭に描くことができたなら「実際にやってみよう」ということだってできるでしょう。

仮定的に考えることは、想像するための原動力です。またクリティカル・リテラシーにとっても有効な方法です。「すでに知っていること」や「当たり前だとみなしていること」を避ける方法を提供できるからです。

たとえば、男性と女性のプロの運動選手の間にある賃金や賞金の格差（不平等）に関する議論をすれば、はじめのうちは多くの子どもがその差はまったく合理的だと考えます。しかし、「あなたのお母さんがプロの運動選手だったらどうですか？」と尋ねると、大部分の子どもたちはそれが合理的ではないとすぐに理解します。

このような思考実験をすることで、「当たり前すぎて気づけないこと」に気づくことができるのです。たとえ経験したことのないことであっても、それまでの経験に基づいて今後起こり得る出来事を理解する手助けができます。

遊び心のある言葉

「遊び心」について言及しないままに、活用や柔軟に使いこなすことについての話を終えるべきではないでしょう。言葉遊びは、言語や読み書きの訓練というプレッシャーから解放し、その代わりとなる練習や、実践を伴った試みに招き入れてくれます。

ドクター・スース(9)のような作者は、このことを明確に理解していました。「遊ぶこと」や「遊び心をもってあらゆる言葉を楽しんで使うこと」によって、人はより豊かに理解したり、表現したりできるのです。言葉や文章の構造に子どもの注意を向ける効果的な方法は、言葉遊びやパロディーの他には多くありません。意味の縛りや無意味な押韻(10)などから解放されることで、言葉の音声的ないし形態的な構造のみを明らかにしているのです。しかもそれは、苦役を目的とするものではなく、自分の興味を満たしながら達成できるものなのです。

サットゥン－スミスは、私たちが拠るべき遊びの考え方について、ヴィゴツキーのスタンスを次のように示してくれます。[*131]

二人の姉妹が、ある役割を演じて遊んでいるところを想像してください。それは、ヴィゴツキーの有名な「二人姉妹による姉妹ごっこ」と呼ばれるもので、ごっこ遊びの中で、役割にそった振る舞いをすることで、そのルールがうみ出されていくことを示す典型的な事例です。意味がうみ出されたり、日々の具体的状況から意味が抽出されたりしていることが分かります。ヴィゴツキーは「発達の観点からみると、想像上の状況をつくり出すことは、抽象的な考えを発達させる手段とみなせる[*131]」と言っています。もしこれが正しければ、そしておそらく正しいのですが、遊ぶことは、認識することに直接的に（間接的ではなく）関係していることを意味します。

ミハイル・バフチン(11)を踏まえながら、サットゥン－スミスは「笑いとは、パロディーや風刺の最も原始的な形です。パロディーや風刺は、神聖なものが攻撃されたり非難されたりする対象となります。笑いは、非公式に人間が反応するときの基本的な形態の一つと言えます[*131]」と述べています。すなわち笑いとは、規則や壁を柔軟に壊すためのよい伝達手段だということです。クリティカル・リテラシーを養う方法として、言葉のおもしろさに着目することは不可欠です。

冒頭で述べた遊び心の効果についてさらに付け加えれば、「おもしろい！」と思うことが言葉に対する子どもの関心を高めます。ウィリアム・スタイグの『ものいうほね[*130]』を子どもたちと読んだとしたら、教室で頻繁に使う言い方としてこの絵本の中に出てくる「これはしたり！」を加えることができます。また、不適切な行為を止めさせたいときは、「はずかしくないかね。だんな！」や「うじむし、くさりはてた悪者め！」や「イーブラム・シビブル！」などが使えるようになります。(12)後者の三つは、忠告するときに使えます。

子どもはそれらの言葉の出典を知っているので、使うことが楽しくなるし、叱責の角をとってくれたりします。それと同時に、子どもの語彙を形成し、言葉への関心を高め、言葉をさらに磨くための優れた資料を示してもくれるのです。

少し長めの事例

ここでは短い発話の断片ではなく、より広い文脈の中に位置づけて考えてみたいと思います。教師と子どものやり取りの別の事例を詳しく紹介します。ここまですでに述べてきたことを一つにまとめた事例だと思ってください。

カール・アンダーソンが書いた優れた本『調子はどう？(How's It Going)』[*6]中に掲載されているライティング・カンファランスの記録について考えていきます。

アンダーソン先生　マヤ、あなたはまるで自叙伝を書く多くの作家のようですね。たとえば、ジーン・リトルみたいな。『天国のパパへのおくりもの』の中で、ジーンが眼鏡をかけているから、同級生にからかわれるという話は覚えていますか?

マヤ　はい、覚えています。

アンダーソン先生　あなたもジーン・リトルも、いくつかの場面を一つの作品の中に詰め込んでいますね。だけど、ジーン・リトルは、最初の場面を長めに書いて、残りを一覧にしたわけではありません。ジーンは、ほとんどの場面を長めに書いていました。とくに、ジーンが経験したことを読者が理解しやすいように。今年、授業で読んできた自叙伝を参考にして、自分のを修正してみたらどうでしょうか。一つの場面を選んで、誕生日のロウソクを丁寧に描写して長めに書いたように。ぜひ、それを試してみて。

マヤ　はい、分かりました。

アンダーソン先生　試してみたいのはどれですか?

マヤ　うーんと……、どちらかというと、いまのままがいいんですけど。

アンダーソン先生　その気持ちは分かります。でも、私はあなたに、作家として、冒険するようなチャレンジをしてほしいと思っています。ジーン・リトルのように、いくつかの場面を長めに書くやり方を試してほしいのです。少しでもそれを試してから、そのやり方は好きになれないと思ったら、それでいいです。(中略) 私はみんなに、ものごとにチャレンジするよう背中を押しています。作家として成長できるように手助けをしたいのです。さあ、それでどの場面を長めに書きたいと思いますか？　スカベンジャー・ハント？(13)　寝るときにいつもすること？　あなたを抱きしめたお母さんのこと？

マヤ　私を抱きしめてくれたお母さんのことにしようかな。

アンダーソン先生　（マヤが新しい用紙を使って書きはじめるのを確認しながら）どのように書けているか見るために、後で確認します。

このカンファランスはきわめて強制的です。しかし、アンダーソン先生がマヤのところに戻ってみると、彼女はその出来映えに満足して、新たに書いた文章を活かすことを選んでいました。134～135ページの表は、このカンファランスの重要な部分と思われるところを、整理したものです。

この表は、実際の意図ややり取りの意味合いを私が拡大解釈しているように見えるかもしれません。そんなことをしたつもりはありませんが、たとえ半分でも私の推測が正しいのなら、こうしたやり取りを日々何度も繰り返すことは子どもに大きな影響を与えることになるでしょう。

主体的な語りに向けたこうしたやり取りは、ゲスト・ティーチャーのアンダーソン先生だけでなく担任の先生も行っていました。だからなお一層の効果があったのです。いったん、このような会話（役割、関係、立場、権限、主体性、認識論、話題、期待されたアイデンティティーが暗示されるような会話やり取り）が教室で当たり前のように行われることになれば、きっと日常生活でも子どもたち自身の会話の一部になっていくことは間違いありません。

本章と前章で、強調したことは一つだけです。それは、「子どもが自分のために主体的に活動すること」と、「自分を積極的で責任をもった存在とみなすこと」をうながす会話でした。ここには物事を複数の視点から見たり、解決したりする方法を意識するという意味が含まれています。しかもそうしたときこそおもしろさが生じるものなのです。

もし私たちが、これを達成できなければ、学校教育を巣立ったあとで子どもたちがうまくやっていくという保証ができません。残念なことに、多くの学習者はたくさんのことを知っていても、自分で考えることや、実際に行動に移して追及し続ける人間として自分自身を捉えることができないままに卒業することになっているかもしれません（おそらくそれこそよくあることなのですが！）。「自分は探究者や問題解決者だ」という感覚の形成を子どもにうながせばうながすほど、探究する領域（各教科）の壁は低くなり、学んだことを学校の外の世界にどんどん活用できるようになるのです。

それでもまだ十分ではありません。自分自身を「探究し続ける一個人」ではなく、「探究する多様なコミュニティー（つまり教室）の構成員であり、その中で探究し続ける一個人」とみなしてほしいのです。これは積極的な参加や多様なものの見方を通して達成され、互いの知的成長に貢献し

書き手の成長をうながす教師のカンファランス

アンダーソン先生の発言	解説
マヤ、あなたはまるで自叙伝を書く多くの作家のようですね。	自叙伝を書く作家としてのアイデンティティーを生徒に提供している。「自叙伝」を生徒が書いて当たり前のジャンルの一つとして捉えている。
たとえば、ジーン・リトルみたいな。『天国のパパへのおくりもの』の中で、ジーンが眼鏡をかけているから、同級生にからかわれるという話は覚えていますか？	具体例を示すことで、アイデンティティーをもつことが単なるほめ言葉ではないことを証明している。生徒の作品と作家の作品とがパラレルに類似しているだけでなく、生徒と作家がパラレルに類似していることも示す。「～みたいな」という表現もまた、話したり、考えたりする方法として、より自然なものとなっている。
あなたもジーン・リトルも、いくつかの場面を一つの作品の中に詰め込んでいますね。	アイデンティティーを示す根拠を広く捉え、生徒の人生と文章として語られる可能性の両方を広げている。認識の仕方からみて作家と同等の権威を生徒に持たせている。教師は「場面」という言葉を使っているが、これは生徒がしていること（作品）を分析した結果、気づかなければならないと判断したものである。
だけど、ジーン・リトルは、最初の場面を長めに書いて、残りを一覧にしたわけではありません。ジーンは、ほとんどの場面を長めに書いていました。	お手本となる作家が取り上げられることで、そのプロセスについてはっきり言及し、名づけている[1]。生徒のしていることをさらに分析することで、生徒がすでにその方法を使ってきたことに教師は気づいている。
とくに、ジーンが経験したことを読み手が理解するのを本当に助けている場面は。	作家の使ったプロセスややり方の効果を示している。さらに、書くことが主体的で、意図的なものであることも示している。
今年、授業で読んできた自叙伝を参考にして、自分のを修正してみたらどうでしょうか。	生徒のアイデンティティーに働きかけることによって、作品に対する書き手としての主体性を広げている。
ぜひ、それを試してみて。一つの場面を選んで、誕生日のロウソクを丁寧に描写して長めに書いたように。	教師としての権限を使って、生徒に対し挑戦することを迫っている。 すでに主体的に取り組んだものを例として示しながら、主体性の感覚を養うように働きかけている。ここでの生徒がしていることへの分析は、生徒の選択を向上させたり、次回以降に書く際に、より効果的に計画する可能性を拓いたりしている。
試してみたいのはどれですか？	選択肢を提供しているので、書くうえの主体性は生徒にもたせている。しかし、あり得そうな語り方については（範囲を絞ることで）強制している。

その気持ちは分かります。私はあなたに、作家として、冒険するようなチャレンジをしてほしいと思っています。ジーン・リトルのように、いくつかの場面を長めに書くやり方を試してほしいのです。	生徒自身の主体性が表された表現は認めながらも、教師は権威として、すでに示されたアイデンティティーに挑戦することを付け加えている。これは、特定のアイデンティティーをもった語りを提供し、そのうえでそれに打ち勝つよう挑戦させるものである。生徒はこうした挑戦を受け入れることで、作家としてのアイデンティティーに気づくようになる。アイデンティティーの範囲が広がれば、その語りも広がるのである。
少しでもそれを試してから、そのやり方は好きになれないと思ったら、それでいいです。	生徒に語りを提供するが、その中で生徒は失われた主体性を回復できる。教師は先ほど、一時的に生徒の選択を制限していた。
私はみんなに、ものごとにチャレンジするよう背中を押しています。作家として成長できるように手助けをしたいのです。	生徒に教師としての自分の役割を思い出させながらも、作家としてのアイデンティティーが生徒にあることを思い出させている。しかし、「成長できるように手助けしたいのです」は、生徒自身が成長するうえで、主体的な役割もまたもっていることを示している。
さあ、それでどの場面を長めに書きたいと思いますか？ スカベンジャー・ハント？ 寝るときにいつもすること？ あなたを抱きしめたお母さんのこと？	「今あなたは作家と学習者としての主体性をもっているわけですが、あなたはどのように自分の物語を語り直したいですか？」と具体的な選択肢を提供することで、主体性も提供している。具体例を出すことで、生徒のこれまでの人生の細部にまで関心をもっていることを明らかにしている。これによって、教師の生徒との対人的な位置づけと、生徒の権威の両方が強まる。
どのように書けているか見るために、後で確認しに来ます。	教師の投げかけを、生徒が結果的に放棄する判断をした場合、すぐに今回のやり取りに終止符を打とうとしている。その上で、生徒の人間性や作家としての個性に関心をもっていることを示そうとしている。

(1)　54〜56ページを参照ください。

ます。この点に関する教師の発言については、次章で紹介していきましょう。

注

(1) 日本の学習指導要領にも、「算数的活動を通して、(中略) 日常の事象について見通しをもち筋道を立てて考え、(中略) 進んで生活や学習に活用しようとする態度を育てる」(小学校学習指導要領、算数編 http://www.mext.go.jp/a_menu/shotou/new-cs/youryou/__icsFiles/fieldfile/2015/03/20/1356250-1.pdf アクセス日:二〇一七年七月二六日、18ページ) と書いてあります。しかし、その実現は教科書を使って学んでいる限りは難しいかもしれません。

(2) 子どもたちは、書くことと読むことはまったく別物とも捉えています。書くことを通して学んだことが、読む際の問題を解決するときにいかされるとは思っていません。しかし、共通点はたくさんあります。題材探しではじまる作家のサイクルと選書ではじまる読書家のサイクルは、基本的には同じといえます(それはさらに、算数・数学の問題解決のサイクルや理科や社会の探究のサイクルとも同じです!)。またたとえば、小学校の中学年でも求められる「書くときに使う技」として構成を考えて書く、順序を工夫して書く、事実と感想・意見は区別して書く、比喩を使って書く、情景が描けるように書くなどがあります。一方で、読み手が息を呑んだり、笑ったり、泣いたり、唸ったりする箇所には必ず作家の技が使われています。こうした「技」は、読むときの助けになるということです。逆に、書き手の視点をもって本や文章を読めるようになると、発見できることが増えて、読むことが一層楽しくなります。

(3) 専門用語としては「転移 (transfer)」がありますが、本書では理解しやすい「活用」を使います。

(4) なぜ、高校生たちが成人教育の講座を受けていたのかというと、高校生たちが小売の店主たちに、インターン（職場体験）につく一環として、成人教育プログラムとして提供されている数学のコースも受講していたからです。小売店の店主たちも同じ数学のコースを受講していました。

(5) 別な言い方をすれば、複数の人間が絡むので、一人だけでは類似性を見出せないが、別の人の視点から見ることで、それが可能となり、同じような問題だと意識しやすくなるということです。

(6) こうした問いかけは挑戦的であるとも言えます。「安心して話せる」ことのできるような教室コミュニティーが成り立っていなければ、たとえ質問をしたところで、子どもの方は答えにくいのです。著者はこうした意味合いを込めて、「このような質問はリスクを伴います」と述べているのです。

(7) 比喩と、言語や認識との関係の研究から、認知言語学が生み出されるほど重要なものです（G・レイコフ／M・ジョンソン著、渡部昇一訳『レトリックと人生』大修館書店、一九八六年）。比喩は、単なる言葉の綾ではなく、人間の思考や認知の根底にある物として注目されつつあります。

(8) アメリカで毎年一一月に行われる野球のワールドシリーズは、日本シリーズと同じトーナメント制です。従って、柔道のトーナメントの敗者復活戦のようなものはなく、一度敗れたら（回り道ができず、行き止まりになったら）そこで終わりという意味かと思われます。

(9) ドクター・スースは、アメリカで（ということは、世界で？――その理由は、子どもたちが英単語を楽しく覚えられるように工夫をこらしたから）もっとも読み継がれている絵本作家の一人です。言葉遊びを多用した作風が特徴なのですが、実はそのテーマ設定の方にも価値があります（日本人でいえば、谷川俊太郎さんや、まどみちおさんがこの種の作家の代表だと言えるでしょう）。ほとんどの作品は邦訳があります。

(10) 意味の縛りや無意味な押韻については、ドクター・スースの絵本（たとえば、いとうひろみやく『きみの行く道』河出書房新社、一九九九年）などを参照ください。これらの例のオンパレードです。なお、意味の縛りから解放されるとは、言葉遊びでは、響きを楽しむことに傾斜することにより、言葉が本来もたなければならない縛りから解放される、という意味です。また、英語の詩は、韻を踏むルールが複雑なのですが、それを無視しているということになります。

(11) ミハイル・バフチン（一八九五～一九七五年）は、ロシアの哲学者、思想家、文芸批評家、記号論者。対話理論・ポリフォニー論の創始者。

(12) 本書の粗訳を読んでくれた協力者の一人から、以下の事例の紹介がありました。中学校の国語でも、扱われた言葉の中に、生徒が喜んで使う共通言語になるものがあります。たとえば、「そうか、そうか、つまり君はそんなやつなんだな」（ヘルマン・ヘッセ著、高橋健二訳「少年の日の思い出」）や「わろし」（清少納言「枕草子」）などです。

(13) スカベンジャー・ハントとは、ヒントや指示をもとに、チームで品物などを集めながら問題を解決していくゲームのことです。

第6章

子どもにとって「知ること」とは

その源流において、教育は「私は知る者である」というアイデンティティーを与えた。「私は何者なのか？」と（同時に）「世界とは何か？」という問いに対して、教育は答えた。（中略）そして、私に自己像と世界像を与えた知識は、また自己と世界の関係をも定義した。（中略）知る者の本質とは何か？　知られるものの本質とは何か？　そして、その両者の関係の本質とは？　これらは、「認識論」と呼ばれる学問に属する問いである。

パーカー・パーマー[*106・(1)]

教師と生徒との一般的なやり取りは、教師による問いかけ（Initiate）、生徒による応答（Respond）、その応答に対する教師の評価（Evaluate）のそれぞれの頭文字を取ってＩＲＥ、そして場合によってはＩＲＦ（ここでのＦはFeedback＝フィードバック、ないしFollow-up＝フォローアップ）と呼ばれています[*24・30]。この例として、以下のやり取りについて考えてみましょう[*72]。

教師　私たちは一年中、「時系列」に取り組んできましたね。時系列ってなんですか？［Ｉ］

生徒　起こった出来事の順番？［Ｒ］

教師　そうですね。［Ｅ］（中略）『ポッパーさんとペンギン・ファミリー』[(2)]の中で起こったことを教えてください。あとでそれらを順番に並べてみましょう。［Ｉ］

生徒　ペンキを塗っています。［R］
教師　いいですね。物語の中で起こったことの一つです。［E］
生徒　男が屋根の上を歩いていました。［R］
教師　そうですね［E］、その男の名前は分かりますか？　彼の名前を言えますか？［I］
生徒　分かりません。綱渡り芸人だというのは分かるんだけど。［R］
教師　ジェームス、ありがとう。［E］
生徒　クック船長が隠れ家を建てました。［R］
教師　そうですね。とてもいいところに気づきましたね。［E］ペンギンが巣をつくるときにそれを何と呼んでいますか？［I］

このIREのやり取りには、次の二つの限界があります。

一つ目は、その根本的な前提になるのですが、「教師は子どもが知るべき内容をあらかじめ知っている」ということです。そのため、子どもの答えの質を評価する役割を担っています。つまり、「教師は知識を提供する権限と役割をもつ存在であるが、子どもにそうした権限はなく、知識を受け取るだけの存在であり続ける」ということを明確に位置づけてしまっています。

二つ目は、IREの最初の言葉はたいてい「質問（Question）」[3]だということです。QREと言った方がよいのかもしれません。質問というものは返答を求めるだけでなく、話題や答え方までも具体的に方向づけるので、やり取りに大きな影響を与えます。正解・不正解がはっきりあると思われる質問はさらに影響をおよぼします。話題が強制されるだけでなく、解答の範囲も強制されるからです。ＩＲＥのやり取りは、パーカー・パーマーが先に示した問いかけへの答えを暗示していると言えるでしょう。つまり、知識とは教師が把握している事実によって構成されており、教師とは子どもに知識を伝達する権威なのです。そして子どもは、伝達された知識を通してでしか世界を知ることはできない、とみなしているのです。このような知識やコミュニケーションに対する見方を、ある研究者は「一方的な伝達（transmissionary）[*139]」と名づけています。

これとは違う認識の仕方として、知識を自分のものとしたり構築したりする際に、子どもにもっと積極的な役割を果たさせる方法があります。バーバラ・ロゴフとチカコ・トウマは次のように述べています[*121]。

情報の受取人として行動したり、受けとったことを示したりするだけの学習は（中略）協力しながら考えをまとめ上げる努力と同じではありません。後者は、参加者としての子どもの役割がとても広がります。お互いの役割がその都度変わっていくためです。たとえば、協力して取り組む探究プロジェクトをリードしたり、出された考えをあれこれと検討したり、あるいは、メンバーの考えの筋道を一つひとつたどりながら学んだりするのです。

以下に例示する発言は、子どもをこの種のやり取りに導くものです。子どもは「経験豊富な考える人」であり「他人が聞くに値することを言える人」であるという前提に立っています。こうした前提がしっかりあればより豊かに認識を深めていくことができる、と私は信じています。[*72]

知識の受け手から、知識をつくり出す担い手へと転換する

「あなたの発言を先生が正しく理解したかどうかを確かめてみましょう」（このように言った後に、生徒の長くて詳細なコメントを要約していく）

教師が子どもに対して、その子の発言をもう一度教師自身の言葉で提示することで、子どもの主張を確認し、発言を確かに聞いていたことを示せます。[(4)] さらに、子どもがその要約を聞きながら熟考したり、修正したり、意義を述べたりする可能性も広がるのです。その際、教師が声のトーンを無理につくり出す[(5)]のではなく、思ったまま素直に語ることで、教師の役割から「評価者」としての部分を取り除くことができます。

このような投げかけには、「しばらく時間を取りますから、私たちがどこまで進んだか考えてみ

ましょう」などもあります。同じようなことですが、この発言では、聞き役というよりはむしろ、教師もクラスの学びのコミュニティーの一員になることで、探究のプロセスを教師が効果的に運営する手助けをしています。主語を「私」から「私たち」に変えたことで、それが可能になるのです。

「何か質問はありますか？　みんなの質問からはじめましょう」（と言って、教師は質問をホワイトボードに書きはじめる）

質問を強く求めることで、話題の主導権を子どもに委ねる効果が期待できます。また、少なくともその話題に対して、教師と子どもたちとの間でよりバランスのとれたやり取りができるようになります。ただし、それを可能にするためには、子どもの質問が真剣に受け止められ、しっかりと究明されることが条件となります。そのような条件が満たされていれば、質問はさらに重要な性質をもった探究の柱として位置づけられていきます。*82

これは、「知識をうみ出す」という従来とは異なる子どもの役割を示唆しています。子どもが考えている「学校」のイメージや、自分の興味関心との関係性をも変え得るのです。子どもが自分で多くの質問をリストアップできて初めて、その中のどれが探究し続ける価値をもつのかが判断できます。リストアップされた質問を検討する機会が提供されればされるほど、興味深い質問をうみ出すことがうまくなっていくのです。*29　たとえば、ある教師はこのように話しています。

もしクラスの誰かにそんな（興味深い）質問をするとしたら、それについて答えたくなりませんか？　それはとてもよい質問なのです。

よい質問をする能力は、子どもたちの主体性に大きく影響を与えると同時に、クリティカル・リテラシーの発達にも役立ちます。対話的な環境は、こうした能力を発達させるために大きな効果があります。とりわけ、調べている最中に互いに質問し合ったり、質問をどんどん積み上げたり、仲間の質問に異議や疑問を投げかけたりするときに効果があります。[*21]

ただし実際には、以上のことをやろうとしてもそう簡単ではありません。私たちのほとんどは、それまでの学校教育の中で認識の仕方を形成しており、「教師は答えを知っているなら、子どもの質問に答えるべき立場だ」と思い込んでいます。もし質問に答えなければ「明らかに約束事に違反している」と子どもは憤慨することでしょう。[(6)]

私たちは、子どもの質問に答えるとき、彼らを非力な存在として扱い、一方的なやり取りをしながらがんじがらめにすることで、教師としての権威を維持しているのです。この場合、子どもが質問をし、教師がそれに答えるという形ですが、質問・応答というＩＲは維持しています。問題は、教師と子どもとの間に力の差があるために、子どもは教師の反応を評価（Evaluate）できないということです（少なくとも、公には！）。

このような問題がありながらも子どもは学校しか体験していないので、教師に対して「一方的に話す唯一の権威者」の地位に就くよう求めます。子どもたちは、それが学校のやり方だということを知っています。きわめて抑圧的であっても、「単に座って聞いているだけでよい」という快適な役割にとどまっていた方が楽であることを知っているのです。あたかも、虐待を受け続ける関係にありながら、起こり得ることが予想できるために、その関係を維持してしまうように。

考えるための時間を提供すると思考が深まる

（沈黙）

注意深く聞くための沈黙は、「間《ま》をとる」などと呼ばれ、子どもの発言の後に生じます。これは「考えるための間」と言い換えたほうがよいかもしれません。

多くの教室では、教師がほとんど話をしています。子どもが考える時間はきわめて少ないものです。「待つ」ことを選択するような教師は珍しいとさえ言えます。[*35・104]

一見、黙ったままでいることはきわめてささいなことに見えます。しかし研究によって、思考する時間を伸ばせば、多くの子どもが、より長く話し、より「高次の思考」(7)をすることが明らかになっています。[*22・62・44] 実際、教師は意図的に会話の途中に間をとり、子どもたちが熟考する習慣をできるだけ身につけられるように「考えるための間」を設けることがあります。たとえばジョアン・バカー先生は、子どもが問題を解決したとき、「そのことをどう確認できるのかよく考えてみて（長い沈黙）」と言いました。[*69] 発言を待つ間、教師は何も言いません。

子どもとの一対一でのカンファランス(8)では、「（そのことについて）何かまだ話せることはある？」とよく教師が子どもに言いますが、それと同じ働きをしています。こういった投げかけは「あなたが言おうしていることに関心があります」というメッセージを発信しており、話の権限を子どもに委ねています。それによって、子どもの中に「私は価値ある経験と知識をもった存在である」というアイデンティティーを育てていくことができるのです。

また「考えるための間」は、子どもに敬意を表すこともできます。それは学びのコミュニティーにとって血液のように大切な関係性を育てることを意味します。子どもが何かを理解したり、修正したりするのを教師が待つときに、「君ならきっと目的を達成できる。期待しているよ」というメッセージを送るのです。一方、教師が待てなければ、これと正反対のメッセージを送っていることになります。グループでの話し合いの場においても、「考えるための間」は、より多くの考える時間が提供されることでメンバー全員に発言の機会が与えられるので、同じ効果があります。「考えるための間」があれば、従来のＩＲＥから、最後のＥ（評価）をなくしたＩＲのタイプに転換できます。同じ子どもから追加の反応Ｒを求めたり、別の子どもたちからの新しい反応Ｒをさらに求めたりできるのです（これには「教師の見つめる方向」などの言語以外のサインも影響しますが、そうしたことも練習次第で、徐々に子どもたちの間でできるようになります）。つまりＩＲＥからＩＲＲへと転換する可能性を広げると言えます。教室によっては、ＩＲＲＲＲＲへと転換することもあるでしょう。しかも最初のＩ（質問）は必ずしも教師が提供する必要はありません。こういった多くの理由から、ＩＲＲはより実りあるやり取りの形だと言えるのです。

教師は、答えだけをもった存在なのではなく学習者であることを示し続ける

「私の間違いを修正してくれてありがとう」[*1]

教師のこの発言は、「教師と子どもとの間にある力の差」や「活動における認識の仕方」を暗に示しています（教師の間違いを指摘するなんて、単純にバカ正直さの結果であるかもしれませんが）。実はこの発言は、多くの教室では考えられないようなことを一人の子どもがしたことを意味しています。つまり、教師の発言を評価し、修正したのです。

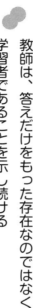

しかし、この教師は「この教室ではそういうことが許されるのだ」と示しました。それだけでなく、「他人の間違った考えを正す手助けは推奨される」とも示したのです。この反応は、やり取りにおける「子どもの権限」「教師も間違いを犯すこと」「教師も子どもも同じ知的活動に一緒に取り組んでいること」を主張しています。誤解を避けたり、間違いを正したりすることは、共同で関心をもつべきことです。協力して取り組むこのような知的冒険こそが、探求的に学び続けるコミュニティーの中心なのです。

別の教師は、子どもの質問に次のように答えることでこの点をはっきりさせています。「私は本当に知りません。まったく見当がつかないわ。いっしょに考えてみましょう。なぜなら……。私もそのことについてとても知りたいと思うから」[*73]。

多くの教師にとって、自分が答えをもち合わせていないと言うのは難しいことです。ですが、実はこの反応はとても強力なものです。つまりそれは、子どもに主体的な役割を担わせ、質問の重要性を確認させながらも、質問を探究する動機を強くするのです。同時に、子どもがより多くの質問をする可能性を高め、「この疑問を私たちはどのように明らかにしていくことができますか?」といったことについて探究する可能性を開いているのです。

「考え方としてとてもおもしろいですね。そんな方法を思いつきませんでした。私もそれについてもう少し考えてみたくなりました」[*69]

この教師の発言の価値を示すためには状況を説明する必要があります。年度のはじめにある本について検討していたとき、それまで中心的な存在ではなかった子どもが「思いがけない」発言をしました。教師はしばらく考えてから、「考え方としてとてもおもしろいですね。そんな方法を思いつきませんでした。私もそれについてもう少し考えてみたくなりました」と言ったのです。この反応は、子どもに対して次のことを伝えています。

> 私は、誰もが同じように考えているとは思いません。私は「あなた」と「あなたが言ったこと」を素晴らしいと思います。可能性があるのなら、できる限り学び続けたいと私は考えています。アイディアをもっと出し続けてください。

これは、「教師はすべての答えを持っているわけではない」「ものの見方は人によって当然さまざまである」「異なったものの見方への理解を広げることが期待され、それに価値がある」「子どもたちには（教師とは異なる見方をもつ場合でも）話すべき重要なことがある」ということを断言しています。

この教師の発言は、子どもを会話に参加させ続ける機能も果たしています。会話がうまく保てなければ、子どもと関わる教師の役割は非常に難しくなります。私の見解では、このような発言がきちんとできるかどうかで（多くの教師は不愉快かもしれませんが）、教師本来の力量が明らかになってしまいます。心から思ってやっていないことをそのときだけやるふりはできません。この教師は、本当に子どもから学ぶのだと信じているからできるのです。

考えたことを振り返ったり、確認したりすることで、より主体的な知識のつくり手になる

「どうして分かったのですか？」

この質問は、単語の綴り方や、事実、事実の確認といったような知識を子どもが説明した後で教師から発せられたものです。「どう知識をつくり出したのか」「どう根拠（証拠の出典）をチェックしたのか」「どう理屈をつくり上げたのか」などについて語らせることになります。

実際には子どものこうした試みが正しくなかったとしても、この質問は「子どもは知的に努力したり、発言したりしている」という前提に立っています。その意味では、「その答え（立場や考えなど）にどのようにたどり着いたのでしょうか？」という質問に似ています。たとえ、完全には正しくなかったり、うまくいかなかったりしたとしても、「もっている知識を活用して思考する人間の

大切さ」は強調されています。知的で主体的な人間を想定するということが重要なメッセージなのです。しかも、そのようなことを明確には述べず議論にすらならないように伝えているので、ずっと強力なものとなっています。[9]

この質問は、「すでに知っていること」よりも、むしろ「知るという行為」に重点を置いています。知っていると思い込んでいることを、どう知ったのかを真剣に取り上げることは、クリティカル・リテラシーの重要なポイントです。

「私たちはどうやって確かめることができるでしょうか?」

この質問は、先述の質問と似ていますが、読み書きをする中で言葉の意味を理解しようとする最中や、社会科、文学の時間、理科における仮説や理論などを探究する最中に発せられたものです。このような建設的な認識の仕方は、類似の質問や発言（たとえば、「私たちはどうしてそれが確かだと言えるのでしょうか?」「どうしてそう思うのですか?」など）にも表されていますが、子どもを「知識をつくり出す主体」として位置づけるものです。[10]

さらに、権利が与えられているというだけでなく、責任を負った者とも位置づけています。責任とは、子どもが情報源や根拠を、異なる観点から検証しなければいけないという意味です。子どもがこうした質問を自分ではじめるようになれば、自問自答だけでなく、他者に対してもできるようになります。

つまりこうした質問によって、誰か他の権威に検証を委ねるのではなく、その子自身が多様な情報源と論理を使いながら、自らの知識をつくり出す自信を深めていくのです。問いかけの際に教師が「私たち」という言葉を使うことで（「私たちはどうやって確かめることができるでしょうか？」）、検証の責任を個人ではなく、グループ全員にもたせるようにもしています。こうすれば、知識を提供したその個人のせいで、課題が達成できなかったということを避けられます。さらに、その子をみんなで取り組む探究のプロセスに引き入れることができます。

考え得る選択肢を出し合い、その問題についてみんなで協力して考えることで、一人ひとりの子どもがグループで考えるプロセスを身につけることができるのです。この点については第7章で詳しく紹介します。

対立や矛盾するような状況におくことで、思考を磨く

「あなたは賛成ですか？」

この質問が発せられたとき、子どもたちの中で意見の相違が生まれ、少なくともその話題に関してはもう少し情報が必要になりました。当たり前のことですが、「意見が異なることを受け入れる

こと」や「人はそれぞれが正当な意見をもっていること」を認識することは、民主的な社会に参加するために必要なことです。みんなの前で自分の立場を論理的で明確に話さなければならない場を設定することはよい方法なのです。

子どもが自分の論理を明確に話せば、考えが明確になります。そうすることで、他の子どもも、考えを明確にしようと試みます。加えて、思考することは、現実的な問題や関連性の高い問題を背景としてなされるものです。みんなの意見が違うからこそ論理が精緻化されるため、ますます複雑な思考をうみ出すことができます。そうすることで、子どものクリティカル・リテラシーを発達させていきます。これは、子どもが社会的な想像力(11)を高めることによって可能になります。つまり、他者が意図していることやその論理を想像する能力であり、私たちが子どもに働きかければ、それを読むことや書くことへ取り入れることもできるのです。

「それは観察したことですか？　それとも考えたことですか？」*69

教室でアヒルに雛が生まれてから一週間くらいの間に、理科や学校生活の中でこの質問がされました。子どもは毎日交代で雛の行動や成長を観察し、記録を取っていたのです。

こういった質問は、観察と推測とを区別することで、子どもに根拠と主張との関係に注意することを求めるものです。一方で、観察するときに人は「余計な意味づけをする」傾向があるとも、この質問は指摘しています。研究者たちは、「生後一年で、幼児は因果関係について推測しはじめます。それは、先に起きたことや結果を並べてみて考えているのです。（中略）しかしながら、この推測の方法を過剰に学習しすぎると問題を引き起こします」[*78]と述べているので、注意が必要です。

この質問は自分（や他人）の言葉を注意して使うように求めていますが、それはクリティカル・リテラシーの中心的な要素です。

「私の言うことを全部信じないでください。どんな大人の言うことも、頭から信じないようにしてください」[*143]

この発言は、誰もが納得するような真実はなく、権威の言うことは常に問われ、チェックされるべきであり、根拠が求められるべきだとうながすものです。

これは認識の仕方の中でもクリティカル・リテラシーの主要な要素となります。「人は間違えるものだ」ということを当然視しようとするものであり、どんなによい目的であっても、どんなに権威のある立場であっても、間違えないことはあり得ないと断言しているのです。しかしそれ以上に、このような教室の子どもは、教師や教科書から伝達される知識を単に覚えるだけの役割を強いられてはいないことに注目すべきです。そこでの子どもは、言葉が単なる情報の伝達手段ではないことを学んでいます。言語の「伝達機能」を否定はしませんが、子どもたちは「思考のための道具」として、教室の中の言葉（教師の言葉、本の言葉、インターネットの言葉、友達の言葉、そして自分自身の言葉）からさまざまな手がかりを見つけています。[*104・141]

これは教師がまったく講義をしないとか、ＩＲＥのような短いやり取りはしないと言っているわけではありません。このように明確にはっきりと話すことには、それなりの価値があります。この本を書きながら、私は同僚たちに草稿のフィードバックを依頼しました。彼らのミニ講義を聞きに行ったり、それに相当する文献（本や論文）を探して手に入れたりしました。しかし、同僚や文献から情報の提供を受けることで、「私は教室で教師が話す意味を調査している」という感覚が阻害されたり、「私は『改善できる目標』に取り組んでいる」という感覚が消えたりすることはありませんでした。[*138・139]

教えることへの考え方を進歩させるためには、多くのことを理解しなければなりません。手助けしてもらえるのであれば、それらをすべて活用するつもりです。調査をしているからといって、私がゼロからすべてを学ぶ必要はないのです。

知っていそうな人に「尋ねる」（教えを請う）という効果的な方法を見いだすことは、現在の学校での取り扱いではそうでもありませんが、今後ははるかに重要になってくるでしょう。[*82] もちろん、同僚たちが示してくれたように、どのくらい話せばよいか、どう話せばよいかといったスキルも過小評価されるべきではありません。これらのスキルを学ぶには、日常的に練習できるようなコミュニティーが必要です。

発展

もしあなたが、教室のやり取りを私が紹介してきたようなものに変えたいのであれば、子どもたちに、リードする者が存在しない（つまり、教師が司会役を務めない）開かれた話し合いを子どもたちに行わせるにはどうしたらよいかを考えてください。そのための方法を計画するところからはじめてみましょう。(12)

1．ミラー先生の小学校低学年のクラスでのやり取り*94を分析してみてください。とくにミラー先生が、「子ども同士」「教師」「学んでいる内容」との関係において、子どもをどのように位置づけているかに注目してみてください。そのうえで子どもの主体性の感覚をどう伸ばしているのかも見てください。また、もしあなただったら他にどんな発言を付け加えるのか、どんなことを他にするのか、についても考えてみてください。

ミラー先生　さて、みなさん、新しく勉強したことについて考えてみましょう。何をしてきましたか？　みんながしてきたことについて先生に話してくれませんか？

生徒1　はい、私たちはたくさんのことを勉強しました。

ミラー先生　あなた方が学んだことをいくつか教えてください。

生徒1　うーんと、海には層があることを学びました。

生徒2　同じです。

ミラー先生　層があるって、どういう意味ですか？

生徒1　熱帯雨林にどういった層があるのか知っていますか？　ええと、海には三つ……三つしか層はないけど……これより多くの層が熱帯雨林にはあるということです。

生徒2　うん、海の層は三つだね。

ミラー先生　海の中に表層があるって言ったけれど、それはどういう意味ですか？　それと、中層についてはどうかな。

生徒1　それと深層があります。

ミラー先生　わあ！（喜び・驚きなどを表す言葉）

生徒2　ええと、私は海中最深層について勉強しました。（中略）ここでの層は、layer（層）じゃなくて zone（帯）です。（中略）海中最深層は中層にあたります。

ミラー先生　そうなんだ。

生徒2　海中最深層は一〇〇〇メートル下にあります。

ミラー先生　どこから下？

生徒2　海面です。

ミラー先生　そうね、海面。すばらしい。

（さらにやり取りがなされた後で）

ミラー先生　とてもおもしろかったわ。私はここに座っているだけで、本当にたくさんのことを学んでいます。そろそろ、あなたたちを勉強に戻してあげたほうがよさそうね。魚の種類について教えてくれてありがとう。それで、残りの人たちのこの後の予定は、読書や記録を続けるだけですか？　どうぞ続けてください。とても順調ですね。

2．次回、生徒たちに読み聞かせをするときには、質問は一切せずに注釈を入れることと(13)間をとることのパターンを繰り返してみてください。おもしろいと思ったところでは、「なんということ！」と言って、期待を込めながら間をとります。あるいは、「こうかなあ……（といって可能性を示す）」と言って、間をとります。誰かが反応したら、何よりも「それはおもしろいね」と（熱意を込めて）言って興味を示し、そして間をとってください。どんな場合でも、「よい」とか「正しい」などの評価につながるような言葉は発しないでください。「前にそのような気がしました……（間）」のような関連する投げかけをしてみてください。ただし、質問するときには、たとえば、「ほかの気持ちを感じた人はいますか？　それは、どんな気持ちですか？」などの広くオープンなものにしてください。あなたが従うべきルールはたった二つで「子どもたちの反応を評価しないこと」と「考えるための間を十分にとること」です。長い間をとるのが難しければ、次の文章を読みはじめる前に、頭の中で五（あるいは一〇）まで数えてください。

3．教師中心ではない話し合いをしてみてください。たとえばマーク・ウェルズ先生は小学二年生を対象に、次のような方法をとりました。*33 まず、学校内外の生活や自分の地域や世界について、クラスでアンケートをとることからはじめました。子どもたちが何を心配したり、怒ったりしているのか、また幸せなのか、あるいはどんなことを変えたいと思っているのかについて尋ねたのです。この結果を集めることで、子どもたちに関係があったり熱中したりしているテーマが浮かびあがってきました。その結果、多様な視点や積極的な関わりがもたらされることになりました。

4．あなたが読み聞かせをした本について、子どもたちに質問を出してもらいます。できるだけたくさん出させて、それを模造紙（ないしホワイトボード）に書き出してください。どんなものが出ても否定せず書いてください。評価はなしです。出尽くしたら、質問を全部読み直して、たくさんのおもしろい質問が集まったことを伝えてください。そして、これらの質問すべてに答える時間はないので、自分たちが三つの質問を選んでクラス全体か小グループに分かれてそれらについて考えてみることを提案します。いったんそれができたならば、次はもう少し複雑なこともできます。子どもたちに作者への質問（たとえば、本には書かれていなくて、ぜひ知りたいことなど）の手紙を書くように提案してもよいでしょう。

5．高学年で部分的であっても本の話し合いに取り組んだことがあれば、黒板に論題を書き、賛成か反対かを尋ねます。たとえば、クラスで『長靴をはいた猫(14)』を読んでいるなら、「この本では、猫は自分自身の利益のために、みんなに嘘をつきます。殺しさえします。彼は〝いいやつ〟じゃありません」と書くのです。どちらかを選びたがらないときには、「賛成」「反対」のうち説得力のある方に、実際に移動してもらうといいでしょう。それを踏まえて、みんなで話し合い、理解するのです。その後で、また移動してもらい顔ぶれが変わったかどうかを見てみるのもおもしろいと思います。理科では、これで実験の予想ができます。その後で予想の裏づけや信ぴょう性についで話し合うのです。

注

(1) 邦訳の『教育のスピリチュアリティ――知ること・愛すること』(P・J・パーマー著、小見のぞみ・原真和訳、日本キリスト教団出版局、2008年)の67ページを元に、一部修正。日本語タイトルおよび出版社がキリスト教的ですが、原書のタイトルも内容もそうではありません。

(2) *Mr. Popper's Penguins* は、リチャード・アトウォーターとフローレンス・アトウォーター共著の児童小説。ジム・キャリー主演で映画化された(映画の題名は、『空飛ぶペンギン』)。

(3) 日本では、これを発問という名称で呼び、よい発問を授業前に考えられるかどうかが授業の生命線でもあると捉えています。

(4) 日本でも生徒の発言を繰り返したり、要約したりすることは当たり前に行われています。それこそが教師の役割と思われていますから。ただし、ここでは「先生が正しく理解したかを確かめてみましょう」と述べているところが大きな違いです。要約するにしてもさまざまなやり方があるのです。

(5) たとえば、大げさに芝居がかって、「すごいね!!」などと言わないことです。

(6) 子どもに「〜ってどういうことですか?」と聞かれれば、教師はその答えをすぐに教えないといけない役割があると、教師自身も子どもたちも(そのように習慣化されているので)思いこんでいます。

(7) 「高次の思考」は、教育学者のベンジャミン・ブルームによって一九五六年に提示された教育の目標に関する研究から導き出されたものです。主にIREのやり取りで扱うのは暗記していることや理解していることとの「低次の思考」であるのに対して、必ずしも一つの正解があるとはいえない応用、分析、統合、評価等に関して扱う内容を「高次の思考」と一般的に捉えられています。

(8) 76ページの注(5)を参照。

(9) 「明確には述べず議論にすらならない」例として、著者が提供してくれたのは「あなたは妻に暴力を振るうのをいつやめたのですか?」という質問です。これは、すでに話し相手が妻に暴力を振るっていたことが公然たる前提になっています。「どうして分かったのですか?」と聞くことは、これと同じで、子どもが知的で主体的に活動しているということを公然たる前提として考えているというメッセージを伝えています。

(10) 知識はすでに存在し、子どもたちはそのすでにある知識を与えられる存在として捉えるのとは私たちと対極にある教育観と言えます。知識は、確かにすでに存在するのですが、各自が自らつくり直さない限りは、自分のものにはなりにくく、単なる暗記が続き、そのほとんどは忘れ去られる運命にあることは、私たちがみな経験を通して認識していることです。

(11) 社会的想像力の意味は、基本的には次の行に書いてあることですが、詳しくは、第7章、とくに174~176ページを参照してください。

(12) 一番目の事例は開かれた話し合いというよりも、IREではない教師と子どもたちのやり取りです。五つの例は、あくまでも感じをつかみ、読者が取り組みたいと思えるヒントになるようなものです。

(13) 日本で通常行われている読み聞かせは、読み手が書かれている文章以外は一切話をしないものと理解されています。それに対して、欧米の読み聞かせには、書いてあること以外に質問をしたり、聞き手に話をさせたり、読み手が考えていることを提供する形のものなど多様にあります。中でも、優れた読み手が読みながら頭の中で考えていることを口に出して示す方法は、「考え聞かせ(think aloud)」と呼ばれ、頻繁に使われています(ここでは「注釈」という言葉が使われています)。その理由は、読み聞かせの目的が、子どもたちの理解を促進したり、読む力をつけたりすることだからです。そして、それが目的の場合は、聞き手は単に読み手が読んでいることを聞くだけでは十分ではないからです。

(14)『長靴をはいた猫』は、ヨーロッパに伝わる民話。シャルル・ペロー（一六二八～一七〇三）によるものが有名で、アニメ化もされています。ちなみに、赤頭巾ちゃん、シンデレラ、眠れる森の美女もペローが紹介しています。

第7章

民主的な学びのコミュニティーをつくり続けるために

民主主義は、すでに手に入れたものでも、達成が約束されたものでもない。それは常につくり続けられるものである。それはある種の可能性であって、倫理的・創造的な可能性として捉えた方がいい。民主主義とは、人々が互いに世話や心配をし合ったり、互いにやり取りし合ったりする方法と確実に関係するものである。「選択すること」や「他の手段があること」とも関係し、「ものごとを別の視点から見ることができる力」とも関係する。

グリーン*[54]

民主的な社会の市民は、自らの反応に強い信念と思い入れをもちながらも、異なる視点に対して広い心をもち続けるものである。最終的には「個人の多様性」と「コミュニティーのニーズ」の両方に配慮して意味づけをしたり、行動の折り合いをつけたりできる人たちが民主的な市民といえる。権威に盲目的に従ってしまう傾向を乗り越えるためには、私たちは周りの世界で起こっていることを解釈し、自ら判断する力に自信をもてるようになる必要がある。ただし、自信をもち積極的に発言する人は、次の点に注意しなければならない。昔からいわれることではあるが、それは反応が異なる相手との「仲直り」や「調和」を忘れてはいけないということである。

プラドル*[110]

次のことを思い出してください。「子どもは身近にある知的な生活の中で成長する」ということ、そして「知的な生活とは基本的に社会的である」ということを。

子どもが学習する中で学ぶ社会的な関係は、大切な学びの一つです。大人と同じように子どもも、新しい方法や概念を確認することができ、自分を知的に伸ばせるようにサポートされた（支えられた）環境でこそよく学べます。なぜならサポートされた環境であれば、リスクなしに個々人の能力が伸ばせるためだけでなく、学習に関わる「関係性」というものは、「学習内容」と切り離せないためでもあるのです。

ただし、学びのコミュニティーは「サポートされているだけでよい」というほど単純なものではありません。学びのコミュニティーを発展させるためには、チャレンジすることが求められます。それは権力争いのようなものではなく、「互いに助けあったり、個性や自己中心的な考え方の傾向を互いにチェックしたりする」[*146]ことにチャレンジすることなのです。

教師の中には、学びのコミュニティーをつくるのがとても上手な人がいます。その中では、一人ひとりが価値を認められ、支えられていると感じています。実り豊かでクリティカルな[(1)]学習が継続されているのです。学習環境を構築するにあたって子ども自身が目指すべき姿を知りたいとすれば、まずはそのようなコミュニティーでの経験を積んでおく必要があります。

英語圏の学校の子どもは、この点に関しては歴史的に見ても十分な積み上げがなされてきたとは言えません。グループ活動のときでさえ、アイディアを共有したり、共通の目標に向かって作業をしたりするような「本当のグループ」として活動することはまれでした。[*121・(2)]

人は自分が参加しているコミュニティーの会話のタイプを自然と習得する傾向があります。だからこそ、学校での会話やその会話が暗に示すことについて真剣に考えなくてはならないのです。肝心な点は、自分たちが成長し続けるために「学びのコミュニティーをつくり出す」(あるいは参加する）ことへの理解が必要だということです。

本章では、思いやりがあり、互いを尊重する学びのコミュニティーをつくるために、教師がどのような言葉を使ったらよいのかを紹介します。そのようなコミュニティーは、遊び心にあふれつつも、ものごとをなす過程では互いの考えを真剣に受け止めています。その基本的な特徴は、「メンバーが携わっている状況やその活動に対する共通理解がある」ことです。これはメンバー全員が賛成することを意味しません。そうではなく、「互いに関わり合うために理解し合う」ことに賛成するのです。みんなが集まり、その時間は「一つの頭脳」となることに同意するのです。

私たちは、民主的な環境を提供し、知的な環境を発展させるようなコミュニティーを求めているのです。[*121・146]

互いを尊重する学びのコミュニティーをつくる言葉

「私たち」

このような教室のコミュニティーに参加することに同意した子どもにとって、「私たち」という言葉は連帯感や一体感をもつきっかけにもなる表現です。個人（「私」）ではなく集団を示す代名詞（「私たち」）を使う教師は、子どもに集団の物語を話すようにうながしています。

たとえば、「私たちは何をしているところですか?」と尋ねることは、「私たちは何が必要かについて意見が一致したので、それを注文するために今ファックスを流すところです」といった返答をうながします。もちろん、実際のコミュニティーでプロジェクトに参加することもうながすでしょう。そこではみんなが加わったり、少なくともグループの何人かが巻き込まれたりします。目標が共有された共同プロジェクトは、協力しようとする態度や能力をうみ出すだけではありません。「協力することは当然である」という暗黙の了解もうみ出すのです。子どもの気持ちをグループの進行状況に効果的に結びつけてあげれば、子どもは共同のプロセスを達成するよう努力します。同時に、さらに発展する可能性を秘めた学習環境に子どもを置くこともできるのです。

「その本が好きな人は他にいますか？」

この質問は、社会的な想像力（対人関係における想像力）をうながす問いかけの好例です。このような問いかけに上手に反応するためには、仲間の興味・関心・能力を理解しておくことが必要です。

そもそもこのような会話は、「自分の読んだ本や興味のあることについて仲間と話すことは当然だ」という暗黙の前提が教室にあるから起こるのです。しかも、このような形でお互いを知れば、意地悪もしにくくなることでしょう。このような知識を共有し合えるクラスでは、相対的な能力の違いを決定的なものとして捉えることなく、互いの興味関心や読みのレベルを踏まえた本の紹介ができるようになります。

「その本が好きな人は他にいますか？」と聞かれたときに、ある子は「たぶんパトリック。（中略）彼は声を上げて笑ったりはしないよ。ほほえむこともあんまりないんだ。でもこの本を読めば、彼はほほえむかもしれないね」[*5]と答えました。

読むことや書くことは、結局のところ、他者について学ぶとても自然な方法です。この目的のために読み書きを活用する教師もいるほどです。

ジューン・ウィリアムソン先生は子どもに、「年度のはじめに私たちは自伝を書きます。それは、互いを知ることで自分のことをよりよく知るという、私たちがしようとしていることにうまく合っているからです」と言います。[*143] 同じように、本についての話し合いも「理解の共有」「所属の意識」

「思いやりの感覚」を高めてくれるものです。(3)

「それについて彼女はどう感じていると思いますか？」

この問いかけは、日々のクラス運営や文学的な作品の授業の両方でよく使われます。実際、この二つを関連づけることはとても効果的であると言えます。

クラスで言い争いが起きたときに、双方に「どう感じているか」「なぜそう感じるのか」を尋ねてみましょう。これは子どもに対して、「相手の立場を想像して、その行動が自分自身にもたらした結果や他者にもたらした結果への責任をもつことが大切だ」と主張することにほかなりません。

繰り返しになりますが、これが主体性のある民主的な生活の中心となる部分なのです。しかも、子どもの社会的な想像力を養うものであると言えるでしょう。単に物語を理解する能力を養うだけでなく、読み手に対する効果を想像したり、書き手はなぜその選択をしたのかを想像したりもするのです。その結果、他者の作品を読むときにもクリティカルになれるというわけです。

このような形で社会的な想像力を養えば、「物語は常にある視点から書かれていること」を教えたり、「別の視点からでは同じようには表せないこと」に気づかせたりできます。教師は、たとえば次のように言ってもよいわけです。

私が誰の考えを知りたいかわかりますか？（登場人物の）ポーリンがどう考えているのかを知りたいと思っています。

このように、登場人物を指定したうえでその物語をもう一度再話させたり、子どもが話す中で「今、何を感じ」「何を考えているのか」を話させたりすることは、社会的な想像力を発達させるもう一つの方法となります。

ただし、こういった発達相互の関係は複雑であるため十分に理解されているとは言えません。たとえば、子どもの社会的な想像力は、子どもの幸福感と強く関係しています。[*42] 強い幸福感をもっている三歳から八歳の子どもは、弱い幸福感の子どもに比べて、思いやりや所属意識を含んだ話をより多くします。これらは学力テストでは測れませんし、因果関係もはっきりとしていません。

しかし、そのような効果が何の費用もかからずに得られるのであれば、やるにこしたことはないでしょう。自分を理解するためには他者を理解し「どこは似ていて、どこは似ていないのか」を理解する必要があるのです。

そのためには社会的な想像力を豊かに培う必要があります。そうすることで私たちは、「自分の中に他者を見出すこと」や「他者の中に自分を見出すこと」が難なくできるようになるのです。長い目で見れば「自分自身を超えて」考えたり、「他者を通して」考えたりするやり取りを私たち大人が念入りに用意すればするほど、社会も個人も発展するのです。

他者を意識し、他者との関わりを通して互いの成長を実感する

「誰か、ほめ言葉を思いつく人はいますか？」[*73]

メアリー・エレン・クウィンラン先生は、子ども同士で互いのよいところを言い合ってほしいため、この独特の問いかけを小学四年生たちに時々しています。この発言は単独でなされるのではなく、実際にはもっと長い会話の一部分なのですが、他者と関わるための目標や方法を個人的にもつことを先生は教室で習慣化させているのです。

この問いかけは互いの行動のプラス面に気づかせる効果があります。しかし、それ以上の効果もあるのです。それは、子どもは教師が何を期待しているのかはじめは理解できませんが、すぐにその意味を理解し、誰がほめ言葉を「使っていたのか」に気づきはじめるということです。

「自分たちが取り組んでいることは何か？」「どう感じているのか？」について、このクラスで話し合うことが習慣化されていたから、それができたと言えるでしょう。熱心に取り組んでいる例として、ある子はグループディスカッションにもっと熱心に参加しているかもしれません。もっと長い時間、焦点を絞ることに努力しているかもしれません。あるいは、もっとたくさんの本を読み続

けているかもしれません。

「あなたたちがそんなに大切なことを、他の子が話している最中に話し始めるので、私は当惑しています」

この発言はクラス全体での話し合いの途中で、ジョアン・バカー先生によってなされたものです。一人の子どもがまだ発言していたにもかかわらず、いくつかのグループが話し合いをはじめてしまったのです。子どもたちは、先生の指摘によってすぐ問題に気づき、互いの話を聞かなければならない理由を思い出しました。そのコミュニティーの特徴であった「敬意を払うこと」を思い出したのです。

これよりもっと積極的に褒めてはいるものの、あまり子どもに有益ではない発言として、「みんながお互いの言うことをとてもよく聴いているのが、私は大好きです」といったような集団全体をほめる言い方があります。(4)

「私は～だろうと思うのですが……（I wonder...）」

「私は～だろうと思うのですが……」とは、昔からある言葉の潤滑油です。仮定を示したり、不確かなアイディアを提供したりしていることを示すものです。でも無理強いはしません。それを選択し、さらに改善することについては相手に任されているのです。

グループでの話し合いをうまく展開するには、このような潤滑油や「不確かなアイディアの目印[*45]」が必要になります。「かもしれません」「のように思えます」「多分」「～か何か」「私は～と考えています」などが似た例です。

「～だろうか」という言葉も、ある種の話し方や可能性を示す目印であると言えます。これらはニール・マーサーのいう「探索的会話[*91・(5)]」です。探索的会話は、複数の頭を寄せ合って一つの問題について取り組むきわめて効果的な方法です。こういった話し合いを教室で実際にやるには教師の強い思い入れが必要になります。通常よりも多くの時間を割く必要があるため、教師自身が「話し合いから大切なものがうみ出される」と信じていなければできないのです。

このような「いっしょに考えること」や「分散型の思考（distributed thinking）」は、マーサーのいう「今日みんなでできたことは、明日は一人でできるようになる」（ＩＤＺ[(6)]）の好例であり、ヴィゴツキーのいう「誰かの手助けによって成長できること」（ＺＰＤ）の社会的側面をより強調したものです。[(7)] ＩＤＺは、一人の知性では達成できないことでも、子ども一人ひとりが参加する集合的な知性ではやり遂げられるということを示しています。そのような過程を経る中で、徐々に、個人が一人で考えるときも同じように複雑な思考をやり遂げられるようになっていくのです。

マーサーのＩＤＺの考え方は、通常のヴィゴツキーの考え方よりも利点があります。それは、

「一人でできること」と「みんなでできること」が層のように分かれていないことです。つまり、「より進んだ他者」という発想がありません。「誰かがすでに何かができている」とか、「遅れている者へ足場を築いてあげる」という発想ではないのです。そうではなく、IDZは「成長というものは、上下関係なく参加者同士が互いの成長を生み出すプロセス」と見ているのです。

このような話し合いに参加し、よいやり取りをうみ出すスキルは、残念ながら今の学校では重視されていません。しかし、プロの仕事の世界ではきわめて高く評価されています。この種のやり取りの矛盾については、ある研究者たちが次のようにうまく説明してくれています。

人間の能力は、動物の能力を再構成したものを基礎にしている。それは社会的（他者と関わる）・道具的（道具を使う）な生物としての能力が拡張されたもので、社会や文化を媒介する手助けをしてきた。この過程で、他者に頼らざるを得ないという人間の無力さが、逆に目的に応じて協力する能力や、分散された知性や能力を特別に向上させてきた。つまり、私たちの能力の源は「できないことが共有されたこと」にあるといえるのである。（中略）したがって、このような媒介手段を拡張しなければならない必要性（社会的・道具的能力の不足）を「弱み」とみるべきではない。子どもは一時的にそのような状態にあるだけであり、むしろ弱みは文化的活動や文化的成長の「力強いメカニズム」と見るべきである。[*119]

「それを考える他の方法はありますか？　他の意見はありますか？」

ある調査によれば、このような質問は学校ではほとんどされないことが明らかにされています。アメリカの教室では、対立するような視点をあえて歓迎することはほとんどありません。*[24・104] 子どもに互いの意見に賛成するか反対するかも尋ねません。子どもの発言を「思考の道具」として活用し、話し合いで互いの意見を磨き上げることもしないのです。*[121・(8)]

これはきわめてもったいないことです。多くの利点があるので一つずつ説明していきましょう。

第一に、自分の立場に応じて根拠や理屈を探し、それを明確に述べることをうながすことができます。これによって、子どもの思考はいつも知的な環境に位置づけられ、その中で子どもは成長します。複数の論理展開の仕方を考えてみる動機づけにもなります。根拠や論理を自分で探すことで、自立心が形成されるのです。

第二に、概念や知識に対する葛藤がうまれると、その概念への理解が変化し、子どもは成長します。認識の変化というものは、人が対立的な視点に直面し、それを調整しなければならないときに生じるものです。この葛藤を解決したとき、子どもは「自分自身の発達に参加した」と言えます。*[36・123] 意見が一致しているときよりも、違っているときのほうが、ずっと子どもの思考を促進させるのです。*[95]

第三に、そのような学習環境で概念や知識の成長を経験すれば、「違いは一人ひとりにとって有益である」ことを子どもが学びはじめます。とくに、そのようなときに教師が気づかせればなお効果的です。子どもがそれを実感しながら理解することは、単なる知識として「寛容さ」(9)の概念を理解することよりも、子どもの成長にもっと強く影響を与えます。もちろん「寛容さ」とは必ずしも利己的な動機からうまれてくるとは言えないので、ある程度必要なことは確かですが。

第四に、多様な視点を大切にすることが民主的な社会において基本的に求められますが、[*10・21] そのような社会に参加する準備を可能にします。「複数の可能性がある」ことや「他の見方がある」という考え方が当たり前になれば、よりよい解決法につなげることができます。大切なことは、探究の焦点にそった特別な意味合いのある理解や、問題のより明快な解決法が得られることです。異なる視点があることで、もっと豊かに自分の立場を具体的に捉えたり、はっきりと述べたりできるようになるのです。このようなやり取りに慣れている子どもは、そうでない子に比べて、「なぜならば」「もし」「なぜ」などの言葉をたくさん使って会話をしています。[*91] 教師の答えを覚えるだけの「模倣」とは違って、「思考」とは二つ以上の視点、解釈、枠組み、解き方が必要だということが理解できるようになるでしょう。

「多様な視点」の大切な機能の一つは、子どもの社会的な想像力を広げることです。[*39] それはリテラシーを身につける過程で中心的な位置を占めています。たとえばもし、ある組織や女性やイスラムの視点を想像できないとしたら、クリティカルに読む可能性は大幅に狭められてしまいます。ものごとが、自分が知っているのとは違う形で書かれる場合のあることを想像すらできないでしょう。特定の人々の声や視点が、その作品には出ていないことにも気づけないはずです。

同じように、読者のものの見方を想像できなければ、文章を書くこともできません。物語であっても説得力のある人物を描くことはできないのです。

話し合いの場における言葉がけ

「いま何を考えていますか？　考えていることを隣の人と話し合ってください」

読み聞かせの最中にこの指示を出すと、子どもの注意を「思考のプロセス」に向けることができます。自分が何をどうやって認識しているのか（メタ認知）に気づきやすくしたり、それを仲間と共有する能力を発達したりできるのです。その結果ますます思考の仕方がうまくなります。

同時に「意味をうみ出す」ことは、「正解を手に入れる」ことと同じではないと理解できるようになるでしょう。なぜなら、「人が違えば異なった感覚をもつ」ことを子どもはすぐに学んでしまうからです。たとえ、相手が結果として同じ感覚をもっていたとしてもです。

加えて、そのような個人内での会話（＝自問自答）ができるようになればなるほど、相手のことがより分かるようになります。型どおりのステレオタイプ的な見方や、他人を見下したりする見方が、だんだんと少なくなっていくのです。ステレオタイプ的な見方や、その文化で支配的な見方をすることは、本来はとても複雑な「他人」というものを、ほんの一握りの表面的な特徴だけで捉えてしまうことです。他人を自分とは違う「異なるもの」とみなしてしまうという危険があるのです。

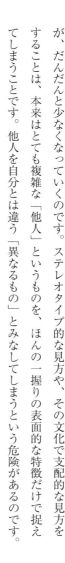

「互いに助け合って、どうにか答えを見つけ出したのですね。どうやって見つけたのですか？」

これは、特定のタイプの話を語ってもらうための問いかけです。必ずしも壮大（ドラマティック）な話でなくても構いません。これを語ることで問題解決の過程、つまり、あるやり方や複数のやり方についての話が必然的に含まれ、「みんなで協力したから解決された」ということが語られるはずです。

協力の過程を改めて話すことで、子どもたちをそれぞれ異なった貢献をした賞賛すべき仲間として描くことができます。重要だと思われる部分については、後で教師が再検討することもできるのです。教師が一緒になって振り返りを手助けすることで、それぞれの子どもの貢献が明らかになることはよくあることです。

このような語りは、冒頭で紹介したマーサーの「民主的な生活を語ること」と同じです。子どもは、自分だけでは物事を達成できないことや、一人よりも何人かで事にあたった方が力を発揮できることを思い出します。それはクリティカルな社会行動をするうえでとても大切な学習になります。

端的に言えば「社会的でありかつ知的な場所」、つまり「教室」の使い方や運営の仕方を学んでいると言えるのです。

「ローレル、彼が話していたときに、あなたの頭の中に何かが思い浮かびましたね。何を考えていたのですか？」[*66]

この質問は話し合いを見ていた教師によるものであり、一つ前の問いかけと同じ教室で発せられたものかもしれません。なぜなら、この質問はグループでのやり取りの大切さに注目させているからです。ただしこちらの場合は、仲間といっしょに主体的に取り組んだ話をさせるのではなく、個人の中で思いついた主体的な物語を話させています。仮にこれが一つ前の問いかけとは別の教室での発言であったとしても、同じようなタイプの会話とみなせるでしょう。これについてもう少し詳しく述べていきます。

話し合いの中では教師は主に観察者の役割を果たしていました。ある子どもが発言しているそのときに、ローレルという別の子が「あっ」と言いながら手を挙げました。教師は彼を指名し話させたことで、「自分自身の考えをうみ出すためには他者のアイディアが重要である」ということをローレル自身や他の子どもに示したのです。

このクラスでは、子どもが「他者のアイディアが重要である」点に気づいていたという別の証拠もあります。私は、時間をかけてこの教室の会話事例を記録し、普通の教室では見られないような子どもの発言を理解しようとしました。その結果、多くの教室では無視されているか、あるいは冷笑されているようなものですが、私は次のことに気づかされました。それは、教師の問いかけさえ一貫していれば、子どもはそれを自分の学習材料とし、「異なったものの見方に価値を見出せる」ということです。

このような理解は社会的関係の基礎であり、「寛容さ」よりもはるかにパワフルです。なぜなら、「他人の意見に対する寛容な態度」とは他人との違いを否定的に見ないようにすることですが、ほとんどの場合、実は無関心からうまれているものです。それに比べて、このクラスにおけるやり取りは、異なる意見の存在を寛容に認めるだけではなく、その違いを個々人の成長に役立つものとして位置づけています。

「シーラ、思い出させてくれてありがとう。ちゃんと書いておきますね」（教師が書く間、子どもは待つ）

この教師の発言は、子どもが文章を書きはじめる前に行われた話し合いでのものです。いくつかのおもしろい特徴があります。

まず、一つ前のローレルに対する投げかけと同じように、「自分が考えるときには他者の発言が役立つ」と示していることです。たとえそれが、教師であってもです。

また、シーラという子どもの名前を具体的に言うことで、シーラが話したことの価値を強くしています。ここでは普通の教師と生徒との関係が逆転しています。書き残すことで、教師はこの点をさらに強調しており、大切であることの証拠をみんなに見せているのです。

同時に次のようなことを示しています。それは、ある発言というものは単に新しい情報を追加するのではなく、それ以上の価値をもっているかもしれないということです。つまり、ある発言が価値をもつのは、それがあったことで思いもしなかったようなことを考えさせてくれたときなのです。

「話し合いが終了したことをどうやって決めたらよいのですか？」

この質問は、ブッククラブに取り組んでいるグループの話し合いの質が低下し、周りに迷惑を及ぼしたときのものです。

教師はグループのところへ行って怒るのではなく、何が問題なのかを尋ねました。子どもからの返答を聞いて、「話し合いがいつ終わるのかをどうして決めたらいいのかが分からなくて困っているようね。話し合いが終了したことをどうやって決めたらよいのですか？」と問いかけています。そのうえで、次の日の話し合いを録音し、分析することで、「グループ討議のプロセスについて考えてみてはどうかしら？」と付け加えました。

ここで対象となっている子どもたちは小学四年生です。「自分自身の認識」についてだけでなく、録音という考えるための材料（「自分の認識の源」）を分析する方法も学んでいるのです。そういった学習環境の中でこそ、話し合いは進化していきます[*146]。

分かりやすく言い換えると、たとえばコンピューターを学ぶというのは、単にその使い方を学ぶだけでなく、自分を成長させるためのコンピューターのネットワークや、それを使う人についても学ぶことなのです。そのためには、「違い」を処理したり、管理したりする方法を知る必要があります。道徳的に健全であるということだけではなく、互いに手助けし合う方法も求められるのです。そのため、このプロセスは、民主的な生活という点から見て「進化している」と言えるのです。

「いくつかの部分に細分化できるような大きな決断をするときには、こうして決めます。部分に分けるのです。さて、どれについて決めたらよいか話し合いましょう」[*69]

ある小学四年生のクラスで、アヒルの卵を解剖することの是非について倫理的なディベートをしました。人間の生命論争にもつながるきわめて複雑で道徳的ジレンマを含んだ内容です。この話し合いは、それ以上深められないところにまで至りました。そこでバカー先生は、子どもが出した結論をいくつかの部分に分けて模造紙に書き出し、話し合いに至るまでの過程を説明しました。それぞれの部分について簡単に説明すると、その後の子どもたちはほぼ全会一致で、各部分の決断を下すことができました。

私はこれまで、大人が自分たちの知性をコントロールできない会議の場に何度も遭遇しています。こうしたスキルは学力テストや入試には出ませんが、社会的・実務的にとても重要であることは間違いありません。

民主的に生きるということは、社会的に問題を解決するということです。教育は、「学習者の問題解決能力を高めること」(to increase learner's' problem-solving ability)だとすら定義できます[*25・34・50・(10)]。前の文にある連続する二つのアポストロフィー(''）はけっして間違いではありません。この一文を書くときに、どこにアポストロフィーを付けたらよいかで困りました。それは次の二つの理由からです。

第一に、問題解決のほとんどは個人的なレベルで行われるよりも社会的なレベルで行われるからです。第二に、問題解決が個人レベルでより達成できるようになるには、共同した問題解決から学んだり、それを内面化したりする能力が求められるからです。この能力はまさに個人が「社会」を使うための能力です。これによって個人の問題解決能力は飛躍的に向上します。しかも、その能力は、飛躍した一人ひとりの集団的な能力でもあるのです。このような能力によって、教育は発展していきます。

「社会的な環境」や「その環境が提供するやり取り」の手段には制約があります。しかし、私たちはその中でしか発展できません。社会として発展するためには、私たち一人ひとりが、社会的な手段を用いて、そういった制約を負うことのないようにしていかなければなりません。大人として発達するためには、自分の経験や論理の制約を乗り越えるような分散型の思考が使えなければならないのです。

私たちは、多様な「経験」「視点」「知的資源」を使うことを学ぶ必要があります。それは民主的な営みの中で起こる問題が解決できるだけではありません。自分の知的発達も徐々にうながすことができるのです。成人になるまでに、このような「知り方」や「あり方」を自分のものにできていたら、企業や公的機関の両方から引っ張りだこになるでしょう。

ピーター・センジは、「学習する組織」の必要性を提唱する中で、個人だけでなく、組織も継続的に学び続ける方法をもつ必要があると主張しています。[*128] 個人も組織も、両者が関係なく存在するわけではないのです。

さらに重要なことを指摘すれば、私たちは民主的な社会に生きているということです。「強い民主主義」は学び続ける社会を求めます。[*10] ジェイムズ・ボヴァードは次のように述べています。

「民主主義は、二匹のオオカミと一匹の羊が今晩の夕食は何かを投票するようなもの」と言いますが、そういうものではないようにしなければなりません。[*15]

民主主義は投票さえ行えば十分というわけではないのです。何度投票しても羊は間違いなくオオカミに食べられてしまうのですから。

私たちは、もっとも建設的な解決策を集団でうみ出すことに参加するべきです。大切なことは、「私は賛成できません」という相手の発言を理解し、その不同意のおかげで想像もつかない可能性が広がることを理解することなのです。小学校を卒業するまでに、すでにこのような主体性の感覚を獲得し、そのようなやり取りに参加することが当たり前に期待されている教室が確かにあるのです。

子どもも（そして私たちも）、教育を単に「知識を得ること」だと捉えてはいけません。そうでなく、教育とは「意味ある問題を設定し、解決する能力を高めること」だと捉えることが大切なのです。それは間違いなく達成できるでしょうし、教育と生活の大きなギャップを埋めることになるでしょう。

そのためには、今よりもはるかによい「教育」と「生活」についての話し合いをする準備が必要です。それが、発展し続けるということであり、民主的な社会を実現することにつながるのです。

発展

自分の教え方を一人で改善することは可能です。たとえば、授業中の自分の話し方を録音して、この本で提示した枠組みにそって、その言葉の使い方を聞いてみるのです。また、子どもにインタビューをしたり、子どもの言いたいことに耳を傾けたり、授業で自分が話したことの根底にあるものをよく考えてみたりすることもできます。

しかしながら、同僚と学びのコミュニティーをつくった方がより実りが多く、もっと楽しくなります。こういった同僚との学び合いについて、ヴィゴツキーは何も言いませんでしたが、おそらく賛同してくれるでしょう。つまりそれは、子どもと同じように、教師も自分の周りの知的な生活の中で成長するということなのです。私はこれをヴィゴツキーから導き出した「ジョンストンの当然の結論」と呼んでいます。

本書で紹介しているすべての言葉や考え方は、子どもだけでなく、教師にも適用されるものです。子どもと同じように、教師が継続的に成長し続けるためには、ある程度の知的な環境をコントロールする必要がありますし、そのためにも本書であつかった観点を反映する言葉を使って、豊かな学びのコミュニティーを形成する必要があります。また、開かれた活動に取り組む必要もあるでしょう。正解に至る道が一つしかない活動ではなく、複数の入口が許されるような活動に取り組むことが必要なのです。そうすることで、子どもは自分の考えをはっきりと述べられるようになります。

さて、あなたはすでに、教室での話し方の特徴について十分に把握できたことでしょう。このことについて、実際の子どもの発言をもとに考えてみましょう。第3章では、マンディーのケースについて考えました。資料Bに、マンディーのクラスメイト一人と、他のクラスの二人の子どもとのケースも掲載しています。仲間の教師と読んで、以下の活動をしてみてください。

巻末の資料B（230～238ページ）の四つのケースを読んで、次のことを試してみてください。

1．同じクラスの子どもは誰と誰ですか？　なぜそう思ったのか、その理由をそれぞれの子どもについて述べてください。教師がどのようなことを尋ねたために、子どもがそのような発言をしたのかを、ケースごとに想像してください。

2．普通の見方をすれば、二つの教室のいずれかの子どもがもう一方よりも有能と捉えられます。誰がより有能かを判断し、そのように判断した理由もいっしょに述べてください。

注

(1)　クリティカルについては、111ページの注⒁を参照ください。

(2)　このような認識があったことで、開発されたのが協同学習関連の手法でした。日本でも学会までできて普及しているぐらいですから、「本当のグループ」として活動する必要性は、他国と比較しても同程度にあると解釈してよさそうです。

(3)　ここでの「本についての話し合い」は、一斉授業でするような教師主導の話し合いではなく、子どもたちが主体的に行うブッククラブ形式での話し合いを指しています。ブッククラブの目的は「自立した読み手」を育てることにあり、これを実現するための不可欠な要素として、人間関係・信頼関係・仲間意識の構築が位置付けられています。加えて、ブッククラブは二つの異なる体験で構成されています。一つは、本を読むというきわめて個人的な営みによってつくり出される体験で、もう一つは、個々に異なる読み方や解釈をつくり出した何人かが集まり、今度は協力し合って自分たちの意味をつくり出すという体験です。互いの本に対する反応を共有し、協力し合いながら振り返り、分析し、批評し合う中で、本を読むことの本来的な楽しさを実感し、「読むことが好きになる」というところにこの実践の特徴があると言えるでしょう（吉田新一郎『読書がさらに楽しくなるブッククラブ――読書会より面白く、人とつながる学びの深さ』新評論、二〇一三年）。

(4)　この発言に効果がないのは、私の好きなことだからやりなさい、とほのめかしているからです。これに対して、バカー先生は、大切なことを聞くことは重要だと実際に言っているわけです。さらに言えば、バカー先生の発言は教師がいないときにも使えますし、子どもの考えや発言に対して敬意を払うことの大切さも表しています。

(5)　マーサーは、教室での会話を「論争的会話」(Disputational talk)、「累積的会話」(Cumulative talk)、「探索的会話」(Exploratory talk) に分類しています。

(6)　ＩＤＺ (intermental development zone) は、「人と人の間で今できることにはズレがあるものの、協力し合えば互いに成長できる」という意味です。

(7)　ＺＰＤ (zone of proximal development) は、「最近接発達領域」や「発達の最近接領域」と訳されていることが多い考え方です。分かりやすく言えば、自分一人でできることと、親や先生やクラスメイトなど誰かの助けを借りてできることとの間のズレを示すものです。「誰かの助けを借りてできること（自分の力にもっとも近い領域）こそが、明日一人でできるようになる（成長できる）こと」です。成長は適切な支援によってもたらされることと、それには個人差があるというのがポイントです。ここでは成長における他者の側面をより重視したものがＩＤＺだと述べられています。

(8)　日本の教室では伝統的にこのようなことが大切にされ、目指すべき目標として営まれてきました。とくに国語の授業は教師主導の話し合いが多く実施されています。ただし、多くの子どもの発言をできるだけ引き出し、文中から根拠を見出して議論させようとはするものの、教師の求める一つの答えに集約させようとする傾向が見られます。そのような教室の改善には、本書全体を通して述べられているいくつもの大切なポイントが役立つことでしょう。

(9) 寛容さ（tolerance）について詳しくは、本章185ページを参照してください。

(10) learner'sだと個人的なレベルになってしまいます。learners'だと、そのような一人ひとりの役割が見えにくくなってしまいます。なお、「多重知能＝ＭＩ理論」の提唱者であるハワード・ガードナーは、「人間の能力は〝問題を解決する力〟と〝生きるという環境の中で何らかの成果を生み出す力〟の二つと深い関係があるだろう」と考えました（Ｔ・アームストロング著、吉田新一郎訳『マルチ能力が育む子どもの生きる力』小学館、二〇〇二年、25ページ）。

第8章

あなたは、「誰と話している」と思っていますか？

生きるということは、言葉の上に立っていることを意味する。
よりよく生きるためには、あなたは自分の言葉を変えなければならない。

ケンドリック・スミサイマン[*90]

他者の話を理解するには、その言葉を理解するだけでは十分ではない。
我々は話し手の考えを理解しなければならない。だが、それだけでも十分ではない。話し手の動機も知らなければならないのだ。発話の心理学的分析は、そのような域に達するまでなしとげられたことにはならない。

ヴィゴツキー[*135]

「良質な時間」という短編で、作家のバーバラ・キングソルバーは思いがけずに身ごもったミリアムという女性を紹介しています。あるときミリアムが、姉のジャニスに「私は子どもに何を伝えたいのか、ちゃんと考えたことがなかったの」と打ち明けると、ジャニスは笑って次のような話をしたそうです。

子育てとは三パーセントは意識的な努力で、九七パーセントは子ども自身が勝手に育っていくようなものなの。あなたが子どもに何を言うつもりかなんて問題じゃないのよ。問題なのは、あなたが「レジの列で品物を二つしか持っていない女性を自分の前に行かせてあげるとき」や、「自分の車線に割って入った男性にクラクションを鳴らしてののしるとき」も、確実にあなたの子どもはそこにいて、いつもあなたを見ているということなの。偽ることはできないわ。子どもが見たものこそが学ばれていくのよ。[*76]

教えることも、子育てと同様に、そのほとんどが意識せずに行われます。教えることにおいては、意識的な努力の割合は子育てよりも少し高く、とくに指導計画を立てる段階ではさらに高くなるでしょう。しかし、子どもとやり取りするまさにそのときに、次に何を言おうかと考えてしまうと、十分な注意を子どもに向けられなくなったり、心から話すことができなくなったりするものです。なぜなら、子どもはそのようなことをすぐに見抜いてしまうからです。たとえば、子どもは私たちが話す「それは（間）いいね」と言ったような少しの間にも気づくのです。そんなわけがないと考えるのは、子どもの「言葉の意味を見分ける能力」を深刻なほどに過小評価しています。そのため、大切なことは、どうしたら教師は素晴らしいことを、「心の底から」「無意識に」、そして「一貫して」言えるようになるのかということなのです。

私は「一貫して」と述べました。話し手には話し手の意図があるにもかかわらず、聞き手の方はその意味を自分が理解したいようにつくり出してしまうものです。その場の状況、聞き手の過去の経験、以前から言われてきたこと、その後に言われることなどがこれに影響を与えています。したがって、気づいたこと、アイデンティティー、主体性、認識の仕方を伝えるメッセージというものは、会話全体の積み重ねと一貫するものでなければなりません。だから単語・フレーズ・文などは、たとえどんなに素晴らしく聞こえるものであっても、それらを独立させてやり取りすることはできないのです。このため、教えるための道具としてもそれらを独立して使うことはできません。単語・フレーズ・文は、他のものと関係なく存在したり、思いのままに取り上げられて、どこかに置かれたりするような身近な道具と同じようには使えないのです。

私は「心の底から」ということについても指摘しましたが、それは私たちが人間として話をするからです。私たちが話す言葉は、私たちの身体と切り離せません。言葉のトーン、抑揚、高さなどは、感情や態度や話す相手との関係性などに影響を受けるのです。

もし、身体的あるいは他の重要な手がかりが対立し合えば、言葉はその効果を失ってしまいます。たとえば、子どもに対して怒ったり失望したり、あるいはその子は学習障害をもっているのか、それとも生まれつき才能に恵まれているのかと考えたりするだけで、直接的にそんなことは言わなかったとしても、あなたが考えているサインが話の中に自然と表れてしまうことでしょう。[(1)] キングソルバーの「見たものこそが」というのは、本書で言わんとしていることをそれ以上に補ってくれています。間の取り方、咳ばらい、吐息、しかめ面、姿勢などは、すべて私たちの言葉の一部なのです。[(2)] 私たちが準備する教室、私たちが計画した活動、私たちが提示する資料などと一緒に使われるものなのです。すべては教室での会話の一部分であって、相互に作用し合っています。子どもは、そのすべての文脈の中で、「言葉」と「自分自身」を理解していくのです。

もちろん、私が述べた「一貫して」ということと「心の底から」ということは同じように使われるものですが、違う面ももっています。私が本書で紹介してきたような豊かな認識の仕方をもつ教師は、子どもを興味深い会話にいざない、また、心の底から子どもが話したことに興味をもっていました。こうした教師たちは、話し合いに貢献した子どもが考えたその話の中身だけでなく、それ以上に子ども個人に対して興味をもっていたのです。彼らは子どもが学校に着くと、すぐに、そして一日を通して、子どもたちと個人的な接触を図っていました。子どもの生活で何が起きているのか、それが子どもにどんな意味をもつのかを学んでいたのです。

このように教師が個人的な接触を図ると、子どもは子どもたちが学んでいることを共通したものとして理解しやすくなります。これは、いわゆる「共同主観性[(3)]」と呼ばれるものであり、知的な問題解決に協力して取り組むことを可能にします。教師は子どもたちに、ある集団における「共同主観性」の形成を可能にすることで、「互い」を理解し合えるようなクラスや授業をつくり出していくのです。こうした「インターメンタル・スペース[*91・(4)]」ができてはじめて、子どもたちは協力して考えることができるのだと言えるでしょう。それは互いのアイディアを相互に積み上げ、自分たちの能力を最大限に拡張する知的空間をつくり出す過程に参加することにもつながっていくのです。

教師の言動が子どもに大きな影響を与える

「あなたは、いったい誰と話していると思っているのですか？」

かなりおおざっぱな事例から取り上げてみます。私たちが赤ちゃんと話すときには、大げさなほど普段とは異なる話し方をします。声は高く、発言は短く、質問や説明、指示語（「それは本だよ」など）を多用します。繰り返しや抑揚の強調といったような「注目のさせ方」もいろいろ使います。私たちは犬と話すときにも似たようなことをしています。しかし、実のところまったく同じではありません。[*98] 犬と話すときにはもっと短い発言になっています。質問よりも説明が多く、いろいろな言い方よりも決まり切った言い方を繰り返しています。指示語も使いません。

私たちは、犬と赤ちゃんに対して「ほぼ」同じように話します。なぜなら私たちは、両者とも注意力がなく、能力が限定されていると思っているためです。彼らの注意を引いたり、愛情を示したり、行動をコントロールしたりするためにそうするのです。

ただし、犬との話は、赤ちゃんとの話よりも違いが一層大きくなります。犬が真の会話のパートナーになったり、ものごとを名づけたり、自分自身を表現したりすると思っていないためです。言い換えれば、私たちは、犬と赤ちゃんにそれぞれ異なる話し方をしていますが、それは私たちが「彼らを誰だと思っているのか」「彼らといっしょに私たちは何をしていると思っているのか」が決定的に違うからなのです。

誰かから、「あなたは、いったい誰と話していると思っているのですか?」「あなたは、いったい自分を誰だと思っているのですか?」といったことを考えさせる問いかけを、みなさんもされたことがあるはずです。

こうした問いかけがなされたときには、その人がそのように問うことで、「他者が私たちのことを誰だと思っているのか」を私たちに明確に伝えているのです。他者が「あなたは自分を誰だと思っているのか」と問うことと、自分が「自分自身を誰だと思っているのか」と問うことには違いがあります。そのため、私たちは「他者が私たちのことを誰だと思っているのか」ということを意識するようになるのです。

私たちは日常の多くの経験を通して「自分はいったい誰なのか」という感覚を強くもつようになります。それは他者とのやり取りの中で長期間にわたって徐々に養われていきます。そのため私たちはこの過程に気づきにくいのです。こうした日常的なやり取りの中で、何か決められた役目をもって行動しているときでさえも気づかないものなのです。

私たちが子どもとやり取りをしたり、子どもたち自身がそうしたやり取りができるようにと働きかけをしたりすることで、私たちが子どもたちのことをどんなタイプの人間だと思っているのかを示しているのだと言えます。また、子どもたち自身がそうしたタイプの人間であるように振る舞う機会を与えているのです。つまり、私たちは子どもたちに、「アイデンティティー・キット」[*52・(5)]を提供しているのです。一つの事例をお見せしましょう。数年前、私は小学四年生のショーンにインタビューをしました。その一部が次のようなものでした。[*66]

私　もし、他のクラスにペンフレンドがいて、読み手としての彼を知りたいときにあなたはどんな質問をしますか？

ショーン　うーん、「あなたの読みのレベルはどれくらいですか？」と聞くかな。

私　あなたのクラスには、いろいろなタイプの読み手がいますか？

ショーン　あまりできのよくない人と、うまくできる人がいるよ。

私　グループで話し合うときに、あなたは話し合いに貢献していますか？

ショーン　いいえ全然。どうしてかっていうと、ウィルソン先生がすることは正しいと思うから。先生は、ちょっと簡単な問題から話しはじめて、徐々に難しい質問をしていくんだ。

私　あなたは、話し合いで誰かに異議を唱えることはありませんか？

ショーン　ないよ。だって、いつもみんな正しいから。

このやり取りにおいて、ショーンの「自分自身の捉え方」に間違いはありません。何もないところからこのような考えをつくり出せるはずはありませんから。彼は、これまでの教室でのやり取りから、そう考えるように仕向けられてきたと言えるのです。他者からそのように位置づけられ、自分自身でもそのように位置づけることについて、ショーンがどう感じているのかを考えてみてください。彼がこんなふうになってしまったのは、まったく普通で妥当なことだと分かるでしょう。(6)強調しておきたいのは、ショーンの先生はそんなつもりで対応していたわけではなかったということです。実際にはまったく逆でした。先生は面倒見がよく、ショーンのことが好きで、とても気にかけていました。ショーンも先生のことが好きだったのです。

私たちは、このショーンの事例から、「よい／よくない」読み手がいるという痕跡と、読み手の話し合いの「レベル」をしっかりと見ることができます。しかし、次のことも理解できるでしょう。それは、私たちが自覚的に用いて子どもに影響を与える「ラベル貼り」(7)や、子どもたちを抱きしめるような「愛情」だけが問題ではないということです。問題は、彼らをそのように位置づけ、自分自身にラベルを貼り、回復できないほどの重症を負わせるような、私たちが無意識に言葉を使うその「方法」なのです。

私は本書で、同じ原則をこれとは逆の形で意識的に使う可能性を追求してきました。それは責任をもち、判断力のある民主的な市民として自分を形づくる方法やその希望を、子どもに提供することでした。

しかしながら、私は次の点も強調しなければなりません。本書で紹介してきた教師たちは、こうした言葉をほとんど意識することなく使っていたということです。バーバラ・キングソルバーの本で紹介されたジャニスが、子育てとはこういうものだと言ったのと、まさに同じことをこの教師たちはしていたのです。彼らがある程度意識せずにこうしたことができるのは、「自分や子どもはどういう者か」を考えているかだけではなく、「自分は何をしているのか」についても考えているからなのです。

教師は子どもだけでなく、自分自身と学ぶことをどう見ているか

「あなたはいったい何をしていると思っていますか？」

調査を進める中で、私はウィルソン先生にインタビューをしました。彼女は、クラスの子どもたちに音読をさせる指導について次のように説明をしました。

音読は子どもが本当に読んでいるかを確かめるためです。でも、これは読みのレベルが高い子どもには適切な方法ではありません。なぜなら、彼らはもっと進んだことができるからです。[*72]

彼女は、本をもとに話し合うことについても次のように言います。

子どもたちは話し合いに（中略）引き込まれることはほとんどないので、その方法はあまり頻繁には使いません。（中略）私が話し合いを進行するときにはとてもうまくいきます。（中略）ですが、どのように話し合いを進めていけばよいのかについては、自分たちではうまく選択することができません。

クラスの子どもたちについてのウィルソン先生の考え方を聞き出すことは本当に簡単でした。子どもは「自立して読めること」を信じられたり期待されたりしていませんし、「選択ができる」とも思われていません。「話し合うことができない者」と思われています。

子どもたちは、よくも悪くもさまざまなレベルの力をもって彼女のクラスに入ってきます。ウィルソン先生にとって「できる子」というのは「よく聞くことができて、指示に従い、（中略）最後までやり遂げることができ、よい結果を出せる子」のようです。また、本に対する子どもの理解度について聞いたところ、「子どもに書かせてから私の方で修正をし、念のために説明を加えるということが大切です。（中略）彼らは課題や説明をとてもよく受け入れる傾向があります。（中略）彼らからはほとんど質問されません」と言います。

ウィルソン先生の子どもに対する姿勢からは、「教える者」と「学ぶ者」という上下意識が強く、しかも両者を分離して考える傾向にあることが分かります。彼女は、「私たち」について話すというよりも、「私」と「彼ら」の区別をはっきりとさせています。もちろん、子どもに伝達するための知識や専門的技能ももっており、それらをしっかり伝えようとはしています。ただし、教室で唯一の権威者となっており、自分の仕事は「生徒に正しいものごとをきっちりと獲得させることだ」と捉えているのです。ウィルソン先生が自分の教え方について語るにつれて、「彼女は誰と話していると思っているのか」「自分自身のことを誰だと思っているのか」「子どもたちが取り組んでいる活動の本質を彼女がどのように捉えているのか」がはっきりと見えてきます。

彼女は、子どもとのやり取りのすべてを伝えてくれています。この点を確認するために、141～142ページにあった彼女の教室でのやり取りの記録をチェックしてみてください。子どもたちはウィルソン先生のことが好きであり、彼女の指導のおかげで標準テストでは平均よりもよい成績を取っています。

しかしながら、言葉を使いこなす個人として見たとき（これは標準テストによって測ることはできません！）、「言葉」や「自分自身」や「お互い」について学ぶ彼らの様子は、他のクラスの子どもとはまったく異なっているのです。なぜなら、ウィルソン先生の子どもに対する、心からの、そして意識した言葉の使い方が違っているためです。彼女がこのような形で言葉を使うのは、自分自身のことをどのように思い、子どものことをどのように思っているのか、さらには、子どもたちが何をしているのかということについての彼女の考え方が反映されているからであると言えるでしょう。

これらの考え方について別の見方をする教師は、まったく異なる言葉の使い方をするはずです。その例として、ステイシー・ベネット先生を取り上げてみましょう。[*72]

ベネット先生が大切にする目標は、子どもが「自立して考える人」になることであり、「すべてのことを疑問に思う人」になることです。彼女は子どもに対し、本を読んで考えたことについて話し合うように求めます。さらにクラスメイトを尊重し、異なった意見が出されても、互いに尊重することができることを知ってほしいと思っています。彼女にとっては、教室の中に「権威」や「専門家」がたくさん存在することが重要です。そのためには自己管理の点からだけでなく、学ぶことや考えることの点からも、子どもたちが自立できることが重要なのです。子どもが自立して意思決定に参加し、上手くいっていることやいっていないことを振り返り、改善できるようになってほしいのです。

また、ベネット先生は読書について、自分たちを別の場所に連れて行ってくれる機会であり、考える人として熟考するよい機会でもあると捉えてほしいと思っています。実際、彼女のクラスにいる非凡な読み手たちは、読むことを、「読者」の視点で捉えていますし、書き手の意図については「作者」の視点で捉えることにより、「その作者はどんなことを意図しているの？　なぜ？」と自問しています。

ベネット先生が語る「子どもについて」や「子どもが何をしていると思っているのか」についての話を聞くと、「彼らを誰だと思っているのか」や「彼らと一緒に何をしていると思っているのか」ということについて先ほどの事例とは異なる見方をしていることが分かります。彼女は、子どもに対して上下関係で見ておらず、教えることを伝達とは考えていません。

言葉を身につけ、学習するということは、それ自体を目的とするのではなく、何かをなすために使われるものです。ベネット先生は、「子どもは自分の学びや自分がつくり出す知識に責任をもつべき」であり、彼女の仕事は「そういうことができるように子どもを支援すること」だとはっきり示しているのです。彼女は、「できがよい／悪い」という視点からは子どもについて述べません。そうではなく「興味」という視点から述べているのです。

授業での彼女のやり取りの中に、このような考え方は明白に表れているでしょうか？　実ははっきりと出ています。本書で私が示したいくつかの事例は、ベネット先生の教室のものでした。彼女が「さあ、作家のみなさん、今日はどんな判断をしなければなりませんか？」と言う場合、作家はまさにそういうことをしていると信じており、彼女が話す相手（子どもたち）を作家のように見ています。だからこそ、このようなことが言えるのです。[*70]

こうした教師の考え方の違いは、クラスの子どものものの見方にどう反映されるでしょうか？資料B（230〜238ページ）の四つの教室のうち、どれがベネット先生で、どれがウィルソン先生の教室か分かりますか？　このエクササイズをぜひ教師仲間と一緒にやってみることをおすすめします。選んだ理由をはっきりと説明することも忘れないでください。

これらの事例では、小学四年生が身につけたいくつかの異なったリテラシーが強調されていますが、基本的には、自分が何をしているかをその子自身がどう理解するかが重要な課題となります。たとえ、言葉の獲得の初期段階であってもそれは変わりません。たとえば欧米の言語指導を見ても、その初期では子どもが「音声に気づく[(8)]」ことを本当に大切にしています。しかし、子どもが言葉を学ぶ環境のほうがより重要になるのかもしれません。賞賛を得ることや恥をかきたくないことばかりを意識しすぎている子どもは、学習活動に真剣に取り組んでいる子どもよりも、言葉の獲得という点で苦労しがちなのです。[*101・109]

言葉の学習を取り巻く社会的・感情的な環境は、子どもが「自分のことをどのように思っているのか」や「自分たちは何をしていると思っているのか」ということに密接に関係します。それは教室での会話や人間関係を、少なからず映し出しているのです。

自分の言葉を変えたければ、自分のものの見方を変える必要がある

私が主張したいポイントは、教師によって、「自分や子どもを誰だと考えているのか」「自分たちは何をしているのか」についての考え方がまったく異なっており、これらの考え方こそが教師が意識せずに使う言葉に強い影響を与えているという点です。

小学一年生の担任をしているデビー・ミラー先生の事例を考えてみましょう。[*94] ミラー先生は帰りの会で「今日も来てくれてありがとう」と言いました。事前にそのようなことを話すと計画していたかもしれませんが、先生が心の底からそう思っていたのかどうかについて子どもたちは当然分かっていたはずです。なぜなら、その一言はこの日の教室でのやり取りと一貫性があり、違和感のないものだったためです。しかし、ミラー先生は次に示すようなやり取りについては事前に計画していませんでした。この場面は、ブレンダンがノンフィクションを読んだときに起きたことを教室で共有したときのものです。

ミラー先生　（ブレンダンに向けて）あなたがしたことでもう一つ本当によかったことを言ってもいいですか？（教室全体に向けて）ブレンダンはこの本を前に読んだことがあるのですが、それ

をもう一度読みはじめたのです。（ブレンダンに向けて）そうでしょう？　読み直しているときに、「ぼくは今まで知らなかった。これは詩なんだ」と言ったのです。一度読んで、そして二度目、三度目と言葉について考えていました。それらがどういう意味なのかを。（ブレンダンに向けて）そうよね、ブレンダン？　しかし、そのときに大発見をしたのです。それは、この本は実際には……（子どもたちが「詩です」と声を出して補う）。ブレンダンはノンフィクションの本が詩になるなんてことが本当にあるのだろうか？　と考えたことでしょう。ブレンダンは今日、とても大切なことを学びました。前に読んだことのある本だから、それができたのでしょうね。

ブレンダン（満面の笑みを浮かべて）ミラー先生は知らなかったんだ！

ミラー先生　知らなかったわ。けれど、あなたが私に教えてくれたの。先生はそれを、ノートにすぐに書き留めたわ。ありがとう、ブレンダン。

あなたはすでにこのやり取りについて分析をはじめているのではないかと思います。もし、私の解釈に興味をおもちでしたら巻末の資料Cを読んでみてください。私がもっとも注目したい点は、このやり取りの「一貫性」です。このやり取りは、ミラー先生のつくり話ではありません。その日の同じようなやり取りと多くの点で一致しています（彼女の教室の他の事例は、158～160ページを参照してください）。それらは事前に計画されたものではなく、その時々に起こったことなのです。しかも何度も何度も繰り返し起きていました。彼女は、どうやってこのようなことを行っているのでしょうか？

ミラー先生はインタビューの中で、読んだものについての話し合いをさせるときに、何をしようとしていたのかについて次のように説明しています。[*93]

私は、彼らが話す内容にはそれほど関心はもっていません。もちろん関心はありますが、「誰かと話すときに、学習者としてのあなた自身の何に気づいたか？」ということの方にずっと興味をもっています。（中略）「あなたたちはどんな新しいアイディアを他の人から学ぶことができるでしょうか？」「何かを見出したり、以前には知らなかったりしたことを学べましたか？」（中略）子どもに目と目を合わせて膝を突き合わせて話し合うように[(9)]と私が言うときは、彼らがすでに知っていることを活用したり、誰かに向けて理解してもらえる形で知っていることをはっきりと述べたり、お互いの思考を形成したりする経験を与えたいときなのです。そうすれば、（中略）もっと重要な考えをうみ出せるかもしれない、と私は考えています。

ミラー先生がやっていることは、「自分たちには話すことがある」と子どもに理解させることで

した。それだけでなく、「世界」「学習者としての自分自身」「自分が楽しめる考え」も学べることにもなるため、他者と関わるということは子どもを発達させるのです。ミラー先生は、このことを心に留めて、子どもたちが互いに接してほしいと思っているのです。学習者としての自分自身にも気づいてほしいし、自分のしていることが実際どのように行われているのかにも気づいてほしいのです。

ミラー先生の言葉は、こうした目的をまさに反映したものだったと言えます。私たちが自分の言葉を変えたければ、自分のものの見方を変える必要があるのです。

先を見据えてともに生きる言葉を選ぶ

ここまで見てきた教師が子どもとのやり取りで見せた、「偽りのなさ」と「一貫性」は深い信念から生じていました。私たちも言葉を変えたり、彼女たちの信念を見習ったりすれば、教室でのやり取りを変えることができるはずです。また、本書で提案してきた「言葉」は、教室の別の面も変えるかもしれません。

たとえば、「それは、～のようですね」「他に方法はありますか？」「誰か～に気づいた人はいますか？」などは、意味のある会話をはじめるための方法です。あまり難しくないため、意識的に用いることができます。また、どこがうまくいっているのかを、最小限の努力で子どもたちにフィードバックすることもでき、十分な効果も期待できるのです。これまでもなされてきたことかもしれませんが、そうであるとしたら、こうした方法の優先順位を上げるだけでいいのです。話し方については少しだけ意識的に修正しなければならないかもしれませんが、「あなた（子ども）が言おうとしていることに私は興味をもっていますよ」と伝えられるようになることでしょう（第６章の終わりの「発展」に挑戦されていたなら、この点についての理解はすでに得られているかと思います）。

しかしながら、私たちが話す言葉を大きく変えるというのは、他にサポートがなければ難しいことなのかもしれません。もっとも重要なことは、子どもが学校でやることに意味がなければ、つまり彼らの今の生活や目的に関係がないとすれば、意味もなく言葉を使ってしまうような日常へ簡単に後戻りさせてしまうだろうということです。

実際、本書で紹介した多くの教師の発言は、子どもに対して学習が意味をもつようになったり、子どもが自分自身や互いに対して豊かな意味を見出したりするための媒体となっていました。ヴィゴツキーが指摘したように、意味をもたせることで、子どもがより効果的な方法でやり取りすることを可能にし、思考・行為・感情を結びつけながらその学習をコントロールできるようにするのです。意味ある活動がなければ、子どもは自分で自分を管理する力を発達させることができません。[*119]

それにもかかわらず、テストのプレッシャーや詰め込み式のカリキュラムのせいで、私たちは簡単に、意味のあることを諦め、個別の知識やスキルをバラバラに教えるのが仕事であるように思い込んでいます。社会的にも個人的にも意味があって感情的な満足も得られるような、学びのコミュニティーの中で協力して取り組む活動の必要性を簡単に忘れてしまうのです。

意味をもたせ、子どもが言葉を身につけられるように教えるということは、将来のためではなく、今ここで子ども自身の興味を満たすために言葉を使い、子どもができることをやるようになるということかもしれません。

しかし、私たちにとって、子どもたちのために望む社会と子どもたちに望む将来の姿は同じように大切です。発展し続ける民主的な社会を実現できるかどうかは、自分は何者であるのかという理解や自分自身の認識の仕方についての理解、さらには、他者と健全な関係をどのように築いているか、自分自身のために描くことのできる物語がどのようなものなのかということにかかっています。

もちろん、テストなどの気を逸らされる要素があってもかまいませんが、私たちが子どもとやり取りをする際には、その先を見据えていなければならないのです。たとえば、感情的に張り詰めた状況では計画する余裕はありません。ベネット先生は、子どもに次のように言いました。

心が傷ついているのね。それに対処しようとせずに。（中略）あなたは怒りながら立ち去りました。でも、私はそんなことはしてほしくはありませんでした。（中略）私は知っていますよ……あなたが彼の気持ちを傷つける気なんてなかったけれど怒ってしまったことを。でも、あなたに理解してほしいのです。彼がなぜあんな反応をしたのか、そしてあなたがそのような反応をなぜしてしまったのかの理由を。（中略）私は、あなたが感じたことをなかったことにはしたくないの。（中略）なぜそのように感じているのかを理解してほしいのです。（中略）そうすれば、互いによりよく理解し合えるようになると思うから。[*70]

ベネット先生のねらいは、単にその場の状況に対応することではないのです。彼女はより大きな目標をもっています。つまり、もっと大きな枠組みをもっており、その枠組みの中でその場の状況に対応していると見るべきでしょう。その枠組みは、「言葉の選択肢」で満たされた活動や目標に基づいて構成されています。ベネット先生は、怒っている子どもに対して、普段の言葉の指導における原則と同じような発想でこうした発言をしているはずです。「他者の理解を伴いながら自分自身を理解すること」や「私たちは互いにどこが似ていて、どこが似てないのか」や「私たちの意図や思考や感情を理解すること」を大切にすることは彼女の信念なのです。

こうした信念は、豊かな、そして社会的な想像力を必要とします。そのため、私たちは容易に他人を自分自身の中に見出したり、自分自身を他人の中に見出したりすることができるのです。お互いをそれぞれが成長した姿であると捉え、他者との違いを自分自身が成長するための可能性であると理解すればするほど、私たちが目指すような言葉の使い手となるのです。マリー・ローズ・オーライリー先生の言う「互いを殺し合うこと」が減っていくようにもなるでしょう。

ある研究者は、私たちは「人が学ぶことと探究することのあらゆる考え方について尋ねる権利をもっています。つまりそれは、『そもそも人間というものをどのようなイメージで捉えていますか？』と問うことと同じことです」[*146]と述べています。

本章で紹介したさまざまな事例は、このような問いを実践するのに役立つことでしょう。私たち教師が発する言葉の中から、その人の「人間についての見方や考え方のイメージ」を見出そうとすることは単なる「権利」ではありません。ここを読者のみなさんには納得してほしいのです。そうではなく、それは私たちの「責任」なのです。

私は誰を拠り所とするのか、そのイメージがしっかりと見えています。オーライリー先生、バカー先生、ミラー先生、ベネット先生、その他多くのこうした教師たちを支持します。本書ではこれらの教師の言葉を紹介してきましたが、彼女たちはみんなでいっしょに生きることができる社会をつくり上げる努力をしているのです。私が「いっしょに生きる」と言ったとき、それは単に殺されないという意味ではありません。「生きることは成長すること」と理解し、「知的で社会的な成長がなければ生きているとは言えない」と理解することでもあるのです。つまり、「いっしょに生きる」とはそこに存在すればよいというわけではないのです。

こうした教師の教室での話し合いが本当に美しいのは、そのような社会の達成に向けて教えていながらも、学力的な目標の達成という狭い目標についても妥協しない姿を見せてくれるからであると言えるでしょう。アメリカのことわざで言うような「菓子は食えばなくなる」（両方いいとこ取りはできない）のではなく、社会的な達成と学力的な達成はどちらも得られることなのです。[10]

注

（1）言葉では「大丈夫だよ」といっても、その表情が怒っていれば、相手は大丈夫だとは受け取れないようなことを指します。

（2）カルフォルニア大学ロサンゼルス校の名誉教授で心理学者のＡ・メラビアン（Albert Mehrabian）は、実際に話された言葉がメッセージの伝達に占めた割合はわずか七パーセントで、言葉がどのように話されたのか（声の調子）は三八パーセント、そして顔の表情や身振り・手振り（ボディー・ランゲージ）は五五パーセントであったことを発見しました。（Ｋ・タバナー・Ｋ・スィギンズ著、吉田新一郎訳『好奇心のパワー』新評論、二〇一七年、43ページ）

（3）間主観性あるいは相互主観性ともいわれ、二人以上の人間の間で同意が成り立っていることを指します。この状態は一般に、主観的であるよりも優れていますが、客観的であるよりも劣っているとみなされます。

(4) intra-mental space が個人的な空間であるのに対して、inter-mental space は社会的な／共有された空間という意味をもっています。

(5) アイデンティティー・キット（identity kit）とは、ジェームス・ギーによって提示された考え方で、ある特定のアイデンティティーをもてるようにするための一式という意味です。何を着るのか、何を話すのか、どうふるまうのかなどが決まっていて、私たちは医者、教師、生徒／学生などを実際に演じているのです。

(6) 実は、「まったく普通でも妥当でもない」のですが、少なくともショーンはそう思っているのです。私たちは、習慣化されているものを「普通で妥当」であると思い込みがちなのかもしれません。

(7) たとえば、「あの子は出来が悪い」「こちらの子は出来がよい」といったようなレッテル貼りのことです。

(8) 日本語に比べて、欧米の言語は（中国語やタイ語なども）初期の段階で音声を重視した指導を行います。

(9) 「目と目を合わせて膝を突き合わせて話し合う」は、一斉授業をしている時などに、ペアで一～三分間話させるときのことを指しています。これは、ミニ・レッスンという形で教室の片隅に全員が集めて五～一五分間教師が教える一部として行われます。

(10) アメリカのことわざは、〝You can't eat your cake and have it too.〟（両方いいとこ取りはできない）です。しかし、著者はそれをもじって、〝We can have your cake and eat it too.〟（両方いいとこ取りはできる）で、本書を終わらせています。

資　料

資料A　「言葉」についての補足説明

本書を書き進めるにあたり、私はできるだけ早く核心に触れる必要があったので、意図的に言葉に関する詳しい説明を省きました。この資料Aを読むことで、省いた部分が明らかになるでしょう。たとえ、言葉というものが実際には本書で示したような整った形ではなかったとしても、あなたはきっと興味をもつのではないかと思います。

言葉は、コミュニケーションの道具として、とても注意を要する媒体です。本書で見てきたように、単語やフレーズはあたかも決まった意味をもっているかのようです。しかし、実際にはそれら自体には何の意味もありません。言葉はそれ自体だけでは意味をなさず、文脈の中に置かれてはじめて意味をなすのです。その言葉の前に何が言われていたのか、その後で何が言われたのかによって意味は変わるのです。たとえば、ある子どもの作品に「いいね（good）」と言ったとしても、次の子どもに「すばらしい（fantastic）」と言ったとすれば、「いいね」の意味は途端に変わってしまいます。

何も言わなかったとしても、別の意味が生じることもあります。第6章ではまるで一つの意味しかないように「考えるための間」という言葉について触れました。しかし、どのような人々と会話するのかによって、その意味合いは変わります。会話をしているときの沈黙には、たとえば、「あなたの言うことは信じられません」「あなたの言う通りなので、何も言うことはありません」「よくも図々しくそんなことが言えるね」「わたしはあなたにがっかりしています」などの多様な意味がありえます。しかも意味によって、それぞれ異なる身振り手振りや表情を伴います。沈黙は「誰がそこにいるのか」や「どういう上下関係があるのか」によっても左右されます。したがって、人が話していることを理解するためには、周りの環境や文脈（状況）を総合的に踏まえなければならないのです。つまり、「相手は自分自身をどう捉えているのか」や「相手は自分自身をどう思っているのか」や「自分たちはどんなやり取りをしているのか」などを想定しておく必要があるのです。

教室の中で子どもたちに共有される意味がうみ出されること（コミュニケーションを図ること）は、言葉だけでなく、文化的な手段や方法によってもなしとげられています。表情[(1)]、身振りや手振り、声の調子、互いの空間的な位置関係など[*1]がその具体例になりますが、これ以外にも問題を複雑にする要素があります。それは、私たち一人ひとりがこれまで営み続けてきた「やり取りの歴史」とも呼べるものです。私たちはそれを身につけ、普段から持ち歩いています。ピエール・ブルデューはこれを「ハビトゥス」(2)と呼んでいます。*14 それまでのやり取りの歴史や、文脈（状況）が異なっていれば、沈黙は違うように「感じられる」ことでしょう。同じように、言葉の意味も関係性しだいなのです。信頼や尊敬が教室になければ、本書の事例は、まったく変わった形になっているはずです。

子どもたちは、「大人と子どもがどのようにやり取りをするのか」に関して彼らなりの前提をもっています。たとえば、「大人がすでに知っていることを子どもに尋ねている」という前提や「大人とのやり取りは公的な出来事である」という前提で学校に来ているかもしれません。もし、学校でのやり取りが家庭と違っているとしたら、家と学校での違いを自分なりに整理するのに時間を要するかもしれません。同じように、指示的な言葉に慣れている子どもが、「いま本を開いていただけませんか？」のように間接的な依頼をされると戸惑うかもしれません。これらは、入学してから子どもが出会う文化的摩擦の典型的な事例です。他にもいろいろあげることができます。たとえば、多くの子どもは、男子と女子がどのように仲良くしたらよいのかについて異なる考えをもつ傾向があります。考え方だけでなく、社会的にふさわしいと思われる行動も異なることがあります。また、相手の発言が終わるまで待てる時間は、ニューヨーク州の田舎よりも、都会の方がはるかに短いようです。*126

本書は、著者の独断で「教師の話すことには、一貫して明確な意味合いがある」と想定しています。これに対する非難があれば素直に認めなければなりませんが、安定した言葉のコミュニティーでは多くのことを当然だと見なしてしまっていることを示したかったのです。もし、この前提が成り立たなければ、私たちは何も理解することができません。教室の中には（他の場面でも同じですが）、ある種のルールが必ずあり、それを頼りに発言や行動をしています。どんな競技でもルールを知らなければ、すべてが混乱し怪我をする人も出かねません。私たちのやり取りにはルールが存在し、そのやり取りで「期待される」反応もまた存在するのです。たとえば、私たちが質問をするときには、「答えはすぐに返ってくる」と期待しています。答えが得られなければ、何か理由があるに違いないと思うはずです。子どもに「大丈夫？」と聞いて、その返事の前にちょっとした間があれば、たとえその返事が「はい」であっても、実際には「大丈夫ではありません」とみなすはずです。答えが聞けると思って質問したのに、「（皮肉っぽく）そうかもしれないね！」と返事された場合はどうでしょう。質問への直接的な回答でなくても、その返事には何かしらの答えが含まれていると仮定しなければなりません。

年度はじめのクラスでは、たくさんのルールや関係がつくられ、子ども（と教師）は、それらに慣れるのに大変です。ですが、教師がルールや一貫性を設ける機会をもつことで、子どもは何がよくて何がよくないのかを把握できるようになります。

また、子どもが「ある特定の解釈をすること」を当然視しないために、言語の歴史が異なる文化ごとに、解釈も異なるということについて私たちは理解すべきです。一方で、やり取りで生じた問題については、基本的には「誤解」（解釈の行き違い）だと思っておく方が、「わざと反抗している」と思うよりも無難です。(3)

本書で提案してきたように、やり取りにおいては一人ひとりが、自分はそれぞれ「ある特定のタイプの人間だ」と主張しています。それは、そのやり取りにおける他者もまた、「ある特定のタイプの人間だ」ということを意味します。

したがって、私たちのやり取りを通じて「その子は反抗的である」とほのめかし続けることは間違いです。なぜなら、その子はそのアイデンティティー通りになりかねないからです。その代わりに、より肯定的なアイデンティティーを提供し、反抗的な態度などあなたの性格には含まれていないとほのめかした方がよいわけです。

ここで重視すべきは、本書のわずかなページ数では、教室の中に存在する文化や言語の違いについて十分に扱うことができないということです。ただし、ある部分については言及してきました。たとえば、私が好む認識の仕方のスタンスは、少なくともアフリカ系アメリカ人の子どもたちにとって好都合に見えますが、*79 他の子どもたちにとっても都合がよいものなのです。*7・104

重複や共通するテーマ、そして独自の見解

後悔のついでにもう一つ触れておきたいことがあります。それは、第4章で扱った「主体性」と「物語」についての考えを不用意に引用したことです。私は、あたかも一種類の物語しかないかのように書きましたが、もちろん、実際にはもっと多くのものがあるのです。

社会階層(4)、性、文化などの違いによって人が語る物語は異なります。私たちの予想に合わない物語を子どもが話すことで、誤解が生じる可能性があります。*92 だからこそ、私たちはこのような文化的な違いによく耳を傾ける必要があるのです。そのときには、保護者などの地域文化の代表を活用するとよいでしょう。しかしながら、同様に重要だと私が感じているのは、「不平等につながる語り」の違いです。たとえば、ある文化では、男子と女子の可能性を同じようには語りません。学校は、子どもたちが通常使い慣れている物語を、新しく再構成する可能性を切り開けるよう、うながす場所なのです。カウンセリングという仕事の一部であるともいえます。*145 もしこれが、人々の文化に立ち入り、意のままに動かしているように思われるなら、その通りかもしれません。しかし、これは、教えることがなぜ政治的活動なのかを説明する理由のうちの一つでもあるのです。

「主体性」の概念についても、私は独自のやり方で取り扱いました。本書で主体性として述べ

[*20・40・59・138]たものを、他の人たちは「自己効力感」[*9]、「コントロール感」(5)、「エフェクタンス」[*129・(6)]などと名づけています。これらの概念はすべて同じではありませんが、十分すぎる共通点があります。同じように捉えてもおかしくはないと考えています。主体性と物語に関する私の提言は、人々の成功や失敗は何に起因するのかを研究する「帰属理論（attribution theory）」という分野に由来しています。[*49・81・100・102・129]主体性とそれ以外の異なる名称の概念は、分野は違ってもかなり重複した考え方であり、ほとんど似たようなことを述べています。たとえば、「物語というものは、子どもが自分の経験を理解するために使うものである」といった点などはまったく同じなのです。

実際、異なる研究領域同士でも重なり合う部分は多くあります。私は、教師の言葉の使い方の異なる側面を強調するために章ごとに紹介しました。けれども、言葉の分類や結論は結果的には重複してしまいました。それは、驚くべきことではありません。幼児を対象にした研究を見ればよく理解できます。たとえば、親子の関係に関する研究は次のことを明らかにしています。主体性の感覚を強くもつ子どもほど、あたたかで思いやりのある家庭環境を経験しており、「自立」が強調されて育っていました。[*56・102]一方、主体性の感覚が弱い子どもは、危機的で苛酷な環境を体験していました。[*61・103・136]この結論は、本書で扱ってきた内容と一致しています。研究の方向が異なったとしても、同じ結論に達したということは、研究間で重複し、一致するということであり、より信頼できるということです。

第8章で、会話、価値観、信念、態度、アイデンティティーがどのように統合されるのかを論じていますので、詳しくはこの章を読んでください。

資料B　四人の小学四年生

これらの四人のケースは私が共同執筆した「文学認識論の教え方・学び方」という論文から加筆修正しました。[*72]

●マンディー

マンディーは、「よい書き手は早く書きます。（たとえば）先生が私たちに物語を書くように指示したときに、一〇分も経たないうちに書けてしまいます」と言います。マンディーは、自分が書く内容について他の子たちと話をしません。彼女は「友達の感情を傷つけたくはなかったんです。なぜかというと、しばしば彼らのもとへ誰かがやってきては『ああ、おまえは下手な書き手だ』とかなんとか言うんです。そしてそのあと、先生に告げ口をするんです」と言います。マンディーはまた、「他の子どもにアイディアを与えるべきじゃない。なぜならそれは、あなたの頭の中で考えたことを提供してしまうので、（中略）彼らの書くことはおそらく、同じ話になってしまうから」とも言うのです。

彼女は、「よい読み手は静かに、よく聴き（中略）自ら主体的に読み（中略）チャプターブック(7)を読む子たちのこと」だと言います。自分自身を読み手か書き手として述べてみたらと言われたのですが、その質問を理解できないと答えました。彼女は、読み手や書き手としての他の子どもたちについて、学べる方法も知らないのです。

マンディーのクラスではリサーチ（調査）活動がされているかと尋ねられたとき、彼女はそれが何なのか分からないと答えました。説明されても、そんなリサーチはしていないと答えたのです。マンディーは自分の通知表に、「書くことに関しては優」や、「マンディーは行儀がよく、クラスメイトに親切です」と記されることを期待しています。クラスメイトがよい読み手になることを手助けしようと思って、「ふざけるのをやめなさい。もしふざけ続けると、あなたの名前が黒板に書かれちゃうよ。（中略）もしその単語が分からなかったり、どう発音したらいいか分からなかったり、どういう意味だか分からないときは、辞書を引いたらいいのよ」と言うのです。

マンディーは本について話してはいますが、たくさんの本を通して、あるいは個人的な経験を通して人と人との関係をつくっているわけではないのです。

●スティーヴン

書き手として、スティーヴンは自分の経験とクラスメイトたちの経験の重要性を信じて疑いません。彼は読者について考えたり、登場人物を考え出したりするために、そうした経験を、作品を書く中で使ってみるのです。ある作品を書くのに三週間かけましたが、「本当につらい苦悩」（と楽しそうに言いましたが）も含んでいました。自分の作品を振り返って、「でも、もっと読みたくなるような、はらはらさせる部分はどこかな？　でも、終わりにふさわしいところはどこかな？　と自分に言い聞かせていたんだ」と言ったのです。さらに「だから探し続けていたんだ。気に入っていたし、えーと、この彫像をどういうふうに言うことができるかなって。このトロフィーは本当にぼくにとって重要な意味があるんだ。それから、どうやったらそれをつくれるのか、つまり〝トロフィー〟がその彫像の象徴にもっとなるにはどうすればいいかを考えたんだ。それから、トロフィーのことを書いていたんだけど実は彫像のことを指していたんだよ」と話しました。

スティーヴンが書き手として得意なことは、「自分の感情をうまく表現すること」と、「自分の言いたいことを本当に出せること」です。しかしときには、「白紙に向かってひたすら考えるだけ」ということもあります。

飛行場での人種差別に関するリサーチをしたとき、異なる二つの図書館とインターネットで調べ、さらに近くにある飛行場にも実際に電話をかけました。そのときは矛盾するような情報は見つかりませんでしたが、もし見つけたなら、「両方の意見を取り上げて、一方がどのような主張をしていて、他方がどんなことを考えているのかを紹介します。つまり、両者を一緒にして（中略）何が引き出せるか（中略）あるいは、比較してみたい」と考えていました。

クラスにはよい書き手がいるかと聞かれたところ、彼は「ユーモアのあるのは、ジェシーが得意。彼はファンタジーをたくさん書くんだ。ロンは、本当によい書き手だよ（中略）彼は書くよりも描く方がもっとうまい。（中略）エミリーはミステリー作品を自分で書くんだけど、細かいところまで書くのが上手だよ。彼女は登場人物たちを上手に描写していたんだ。山場がきちんとあって、読者が解かなければならない謎があったので、本当によいミステリーだったよ」と答えました。スティーヴンは、数ある中でとくに、リアルなフィクション、ファンタジー、ミステリー、伝記など、異なるジャンルの構造について豊富な知識をもっています。自分が書いた作品に対しては、「通常のミステリー作品と比較すると、悲しい終わり方かな」と話していました。

彼は、自分が日常的に読んでいる本どうしを当たり前のように関連づけています。さらに、本を価値づけるための基準ももっています。

●ヘンリー

書き手としての自分を説明するのに、ヘンリーは「いつもやってることだよ。一つの作品を書き終わっても、新しい作品にすぐに取り掛からないんだ。（中略）時間がかかるんだよ。自分自身に実際に起こったことをたくさん書くんだ。友達と海で遊んだこととか。また、（アイディアを他の子たちから）借りることも結構やるな」と言います。最近書き手として学んだことは、「構成をよりよくする方法」だと言っています。次に学びたいことについては、「ぼくはたくさんの材料をもっている。（中略）さらに材料になるものをもっていることを知っているので、それを使ってより長い作品を書く方法を学びたい」と言うのです。

友だちとのピア・カンファランスで、[8] ヘンリーは「ここで使えるアイディアを教えて。……これはよさそうだ。詳細な情報を十分に提供してくれているから。これで次は、先生とカンファランスができそうだ」と発言しています。

クラスの中にいろいろなタイプの読み手がいるのか聞かれたときには、「スティーヴは、長いのを読むのが好き。そしてダン。彼が読み始めたら、止められない。『この文章いいから聞いてよ』と言っても興味をもってくれない。ジェニーは、スティーヴと同じように難しい本を読んでる。それに、とても読むのが早い。（中略）プレシーラはミステリーの大ファン。彼女はナンシーと同じように長いのを読むのが好き」と答えています。そして「自分と同じように、ロジャーも『ベイリー小学校の子どもたち』（*Bailey School Kids*）のシリーズ物[9]を読むのが好き」と付け加えました。

やり取りしている文通相手が、どんなタイプの読み手なのかを知るために、「どんな本が好きですか？　好きな作者は誰ですか？　いまどんな本を読んでいますか？（中略）他にどんなよい本を読んだことがありますか？」などの質問をするそうです。

ヘンリーは、クラスメイトがよりよい読み手になるためには、次のように助言すると言います。「もし難しすぎる本を読んでいたら、あまりがんばり過ぎないように言うかな。（中略）そして、数か月後にまた試してみたら、って。それらを脇において、自分のレベルにあった本を読んでみるといいよ」と言うのです。

ヘンリーは、クラスでの本の話し合いに参加するのが好きです。「ホプキンズ先生は、僕がブッククラブで話しているときは、本に関連する何かを常にもっている、と言ってくれているよ」。ヘンリーは、「自分には必要のないささいなことについて他の子たちが話し合っている」とき以外は、その子たちの読書の経験に意味を見出したり、その本のおもしろいところを解釈したりしているのです。他の子たちの考えに反対を示すことに抵抗がありませんし、何かしら引用することで自分の考えに説得力をもたせることもできます。ヘンリーは読むのが好きで、本と本の関連も見出しています。彼はクラスのある子どもたちのことを、よい読み手だと考えています。たとえば、「エミリアが彼女の作品を読んだときに（中略）とっても長かった。でも、ぼくは気に入りました。次に何が起きるんだろう？　って。（中略）一度入り込んでしまえば、次がどうなるかを知りたくなります。彼女のミステリーは、本当のミステリーなんだからね」と言うのです。市販の本であってもこういうレベルにないものは結構あります。「『ボックスカー・チルドレン』のシリーズ[9]のように、表紙にはよいことが書いてあるけど、まったくミステリーと思えないものがあるから。（中略）その点が不足しているミステリーなんて読むことはできない。（中略）何も得るものはないから」と話してくれました。

あるテーマについて調べ、本と本との間に矛盾があることを発見したときには、ヘンリーは「作者の一人が、多分ちゃんと下調べをしなかったんだ」と言います。矛盾に出会ったときのヘンリーは、より多くの資料を読んで研究します。

●ミリー

ミリーは、読む本として『赤ちゃん、いりませんか？』[10]を選びました。その理由を「ちょっと難しいから。使われている言葉とか。（中略）それは普通小学五年生で読むのだけれど、挑戦したいと思ったの」と言ったのです。彼女はリアルなフィクションが好きです。けれどもそれを詳しく説明する言葉をもっていません。読み手としての自分は、「私はまだ全部ができるわけではないので、まあまあといったところです。でも、間違うことも多いよ。間違うと、そこから学べるのでいいと思う」と説明しています。

クラスには違った読み手がいるかと尋ねられて、彼女はよい／悪い（上／下）という尺度を用いました。「私よりもたくさん読める人がいます。その人たちは読むときに、私ほどは間違いを犯しません。（中略）その人たちは私よりも上のレベルの人たちです」と言いました。彼女は読み手として変わってきたと説明します。「前よりもたくさん読むし、去年よりも長いのを読んでいるので、読み手として成長したのだ」とミリーは言うのです。そして、「チャプターブックよりも難しい本を読むことです。（中略）そうすれば、より高いレベルに上がれるから」と、次に学びたいと思っていることについて話してくれました。本についての話し合いをするときは、常に自分の意見を付け加えたいと思っています。たとえば、『犬ぞりの少年』(11)の作者が犬のサーチライトを死なせてしまったことについてのクラスでの話し合いには納得できませんでした。でも、ミリーは決して教師の言うことには反対しないのです。(12)

ミリーが考える彼女にとってのもっともよい作品は、一五〜二〇分で書いたものです。それを選んだ理由について「私たちは、書くことに責任をもたないといけないのだけれど、私はそれをうまくやったのよ」と言ったのです。書き手として上手な点について聞かれると、「みんなは、私は上手なんだって言ってくれるよ。なぜかっていうと、（中略）私が書きたいことを書いていて、誰か他の人の言っていることじゃないからなんだって。人のアイディアを取るのは好きじゃないの。自分が考えたことだけを、自分だけで書きたいの」と言いました。最近学んだ書くことについては、「もしあなたが誰かのものを書いたり、まねたりしたら、それはあなたが本当の書き手ではないって示しているのよ。だって、本当の書き手なら、自分自身でアイディアを考えて、自分自身の物語を創りたいはずだから」と説明しています。ミリーの友だちについては、「たくさんの例を示せるし（中略）長い物語が書けるから」よい書き手なのだと言います。

書くことに関して、仲間を手助けすることについては、「誰かが助けを求めているときには、スペリングとか（中略）筆記体で、すぐに教えます。（中略）私は、スペリングのワークシートをもっていて（中略）それをなぞればよいスペリングの練習ができます」と答えています。「教室において子ども自身でリサーチ（調査）をしているかどうかを聞かれると、「私たちがやるリサーチは、ぴたっとくる言葉が欲しいときや、言葉の意味がわからないときに、辞書を引くぐらいです」と答えました。ミリーは、情報が互いに矛盾するような状況を一度も経験していないのです。

資料C　デビー・ミラー先生のブレンダンやクラスとのやり取りの分析

ミラー先生の発言	分　　析
(ブレンダンに向けて) あなたがしたことでもう一つ本当によかったことを言ってもいいですか?	その子のスキルと知識をクラス全体で共有させてほしいと依頼する。その結果、子どもの方がそのことについての権威者(1)であるということが認められる。「本当にすばらしいね」という指摘は、実際にはそれほど手助けにはならず、昔からある「頭がいいね」という言い方と同じようなものである。しかし、ここでは子どもが使った方法と結びつけたことで、方法それ自体を洗練させている。
(教室全体に向けて) ブレンダンはこの本を前に読んだことがあるのですが、それをもう一度読みはじめたのです。	本を読み直すことはよいことだというメッセージを強調している。
(ブレンダンに向けて) そうでしょう?	ブレンダンという権威者に聞いている。彼の視点からみて、教師の解釈した物語に間違いがないかを確認するためである。クラス全体やブレンダン自身にも権威を想起させることになる。
読み直しているときに、「ぼくは今まで知らなかった。これは詩なんだ」と言ったのです。	読み直せばある程度新しいことに気づける。なぜなら視点が変わるからである。気づいたことの一つとして、「詩である」ことを挙げている。
一度読んで、そして二度目、三度目と言葉について考えていました。それらがどういう意味なのかを。	何度も読み直すことはとても大切なことである。繰り返し読むことで、頭の中で何が起こるか気づくことができる。
(ブレンダンに向けて) そうよね、ブレンダン?	ブレンダンという権威者に問うている。彼の視点からみて、教師の解釈した物語に間違いがないかを確認するためである。教室全体やブレンダン自身にもブレンダンの権威を想起させている。
しかし、そのとき大発見をしたのです。それは、この本は実際には…… (子どもたち「詩です」と声を出して補う)。	教師が驚いて見せていることに注目してください。なぜなら、それはしばしば重要で、新しい情報だからである。みんなで考え、「詩です」と声に出させるように、あえて間 (……) を置いている。
ブレンダンはノンフィクションの本が詩になることなんて本当にあるのだろうか?　と考えたことでしょう。	驚いたことと、その意義について念を押している。どちらも、いま学んでいることと、未来の可能性を広げるものである。

ブレンダンは今日、とても大切なことを学びました。前に読んだことのある本だから、それができたのでしょうね。	読み直しは、しばしば新たな学びへと導く。
（満面の笑みを浮かべて）ミラー先生は、知らなかったんだ！	子どもが自分の権威や主体性を認識し、それにまつわるプライドをもっている。子どもも教師に教えることができることや、根底にある「分散された思考[2]」について理解している。
知らなかったわ。けれど、あなたが私に教えてくれたの。	子どもの学びや、その子が教えてくれたことが成功したと断言している。教師がすべてを知っているわけではないことを再度、断言する。
先生はそれを、ノートにすぐに書き留めたわ。	さらに追加で断言することで、子どもの側に権威があることを強調している。
ありがとう、ブレンダン。	子どもへの敬意と、学ぶことに価値を置いていることを示す最後の確認。

(1) ここでの「権威者」には、「第一人者」ないし「そのことについての権威」というニュアンスが込められています。つまり、教室には教師以外にも、いろいろなことについての「第一人者」や「権威」がいる、ということを前提にしているわけです。

(2) 原語は distributed cognition で直訳すれば「分散化された認知」ですが、ここでの意味は、「教師だけが知識をもっているのではなく、子どもたちも考えて大切な価値ある知識をつくり出せるということ」だと解釈できます。

注

(1)　221ページの注(2)を参照ください。
(2)　ハビトゥス（habitus）はもともと「もつ」という意味であり、人々の日常経験において蓄積されていくものの、個々人がそれと自覚していない知覚・思考・行為をうみ出す性向のことです。
(3)　そのためには、「教師の寛容さや、しばらく様子をみるというスタンスが大切」という指摘が、協力者の先生の一人からありました。
(4)　豊かか貧しいか、権力を多くもっているか、ほとんどもっていないかなど。
(5)　物事や自分自身をコントロールしているという感覚。
(6)　コンピテンスは、人を含めた生物が環境と効果的に相互作用する能力を指しますが、R・W・ホワイトはこの動機づけの性質をエフェクタンスという用語を用い、発達を促進させるものは、自己の活動の結果、環境に変化をもたらすことができたという効力感であるとしました。エフェクタンスは一般的に「自己効力感」や「動機づけ」と訳されています。
(7)　一般的に七～十歳向けの、主に絵よりも散文を通して物語を伝える目的の本を指します。
(8)　ピア・カンファランスは、教師によって行われるカンファランスと異なり、クラスメイト同士が互いに行うカンファランスのことです。
(9)　ともに、57ページの注(9)を参照ください。
(10)　J・ブルーム作、長田敏子訳『赤ちゃん、いりませんか？』偕成社、一九九三年。
(11)　J・R・ガーディナー作、久米穣訳、『犬ぞりの少年』文研出版、二〇〇四年。サーチライトは主人公の少年ウィリーの愛犬の名前。

⑿　ここでのミリーの姿勢は一貫していません。クラスメイトとの話し合いには参加するのですが、教師は常に正しいと思っています。

言葉を選ぶ、授業が変わる！

2018年３月31日　初版第１刷発行　〈検印省略〉

定価はカバーに
表示しています

編訳者　長田友紀
迎　勝彦
吉田新一郎

発行者　杉田啓三

印刷者　藤森英夫

発行所　株式会社　ミネルヴァ書房

607-8494　京都市山科区日ノ岡堤谷町１
電話代表　(075)581-5191
振替口座　01020-0-8076

亜細亜印刷

ISBN 978-4-623-08129-5
Printed in Japan

《著者紹介》

ピーター・ジョンストン（Peter H. Johnston）

ニュージーランドで育ち、小学校で教鞭をとった後に、アメリカの大学院（イリノイ大学）で博士号を取得する。当初は、アメリカで結婚し、3人の子育てまでですることは予定していなかったが、そのままアメリカに居残り（ニューヨーク州立大学）、いまもアルバニーに住んでいる。現在は同大学名誉教授。

研究テーマは、子どもたちの学ぶ力と教師たちの教える力を起源としている。著者は、教育を単なる子どもたちへの情報の伝達とは捉えておらず、より公正で、互いに気づかい合う社会をもたらすための実践／練習の場と捉えている。（本書の中で「教師たちの教える力」の核として位置づけられているのが、教師たちが選んで使う言葉であり、それによって「民主的な学びのコミュニティー」としての教室が確実につくり出されている）

家族と研究以外の楽しみは、サッカー、歌うこと、ユーモア、白ワインを飲むこと。

《訳者紹介》

長田友紀（おさだ・ゆうき）

筑波大学准教授。博士（教育学）。千葉大学や筑波大学の大学院教育学研究科で学び、北海道教育大学（函館校）准教授を経て現職。話し合い指導の方法について主に研究しており、コミュニケーションを中核とした国語科の再構築を考えている。またミャンマー国に赴き小学校国語（ミャンマー語）教科書の作成支援などにもあたっている。著書として『国語教育における話し合い指導の研究――視覚情報化ツールによるコミュニケーション能力の拡張』（風間書房）や『新しい時代のリテラシー教育』（東洋館出版社・共著）などがある。

迎　勝彦（むかえ・かつひこ）

上越教育大学大学院学校教育研究科准教授。専門は国語科教育学で、研究テーマは初等・中等教育におけるコミュニケーション能力育成のための話しことば教育。教室内談話に見られる授業者と学習者、そして学習者同士の相互作用的性質の解明を目的として、とくに「聞くこと」を対象とした授業研究における分析手法について研究を進めている。

本書の翻訳を通して、子どもたちにはさまざまな可能性があるということを学び

ました。子どもを変えようとするのではなく、まずは私たち教師が変わらなければなりません。教室の中の言葉を大切にし、自らの言葉の力やその意味を問い直す必要がありそうです。

吉田新一郎（よしだ・しんいちろう）

1970年代に、マサチューセッツ工科大学とカリフォルニア大学で都市・地域計画を学ぶ。10年間の準備期間を経て、1989年に国際理解教育センターを設立し教育に関わりはじめる。2005年以降は、リーディング・ワークショップ（RW）やライティング・ワークショップ（WW）、およびそれらの国語以外の教科への普及活動をしている。

この本の中に登場する先生たちはみな、RW や WW をしており、カンファランス・アプローチは従来の教師だけ（？）ががんばる授業（指導案や教科書中心）からの転換を可能にする際の鍵と位置づけられます。

趣味（こだわり）は、嫌がられない程度の（ありがたがられる！）おせっかいと日曜日の農作業と３つのブログ／フェイスブック（「PLC 便り」「WW／RW 便り」「ギヴァーの会」）。

●本書への質問や問い合わせは、

Email=pro.workshop@gmail.com 宛にお送りください。

文　献

1　Adams, E. L. 1995. A Descriptive Study of Second Graders' Conversations About Books. Ph. D diss., State University of New York−Albany.

2　Allington, R. L. 1980. "Teacher Interruption Behaviors During Primary Grade Oral Reading." *Journal of Educational Psychology* 72 : 371−377.

3　———. 2002. "What I' ve Learned About Effective Reading Instruction from a Decade of Studying Exemplary Elementary Classroom Teachers." *Phi Delta Kappan* 83, 10/June : 740−747.

4　Allington, R. L., and P. H. Johnston. 2002 a. "Integrated Instruction in Exemplary Fourth-Grade Classrooms." In R. L. Allington and P. H.Johnston, eds., *Reading to Learn : Lessons from Exemplary Fourth-Grade Classrooms*. New York : Guilford.（引用は、p. 180）

5　Allington, R. L., and P. H. Johnston, eds. 2002 b. *Reading to Learn : Lessons from Exemplary Fourth-Grade Classrooms*. New York : Guilford.（引用は、p. 201, p. 105）

6　Anderson, C. 2000. *How's It Going? A Practical Guide to Conferring with Student Writers*. Portsmouth, NH : Heinemann.（引用は、pp. 77-78）

7　Applebee, A. N. 1996. *Curriculum as Conversation : Transforming Traditions of Teaching and Learning*. Chicago : University of Chicago Press.

8　Austin, J. 1962. *How to Do Things with Words*. Oxford : Claren-

don Press.

9 Bandura, A. 1996. *Self-Efficacy: The Exercise of Control.* New York: Freeman.

10 Barber, B. 1984. *Strong Democracy: Participatory Politics for a New Age.* Berkeley: University of California Press.

11 Bateson, G. 1979. *Mind and Nature: A Necessary Unity.* New York: Dutton.(邦訳：グレゴリー・ベイトソン著、佐藤良明訳『精神と自然——生きた世界の認識論』新思索社, 2006.〈改訂版〉)

12 Beach, K. 1995. "Activity as a Mediator of Sociocultural Change and Individual Development: The Case of School-Work Transition." *Mind, Culture, and Activity* 2: 285–302.

13 Blumenfeld, P. C. 1992. "Classroom Learning and Motivation: Clarifying and Expanding Goal Theory". *Journal of Educational Psychology* 84: 272–281.

14 Bourdieu, P. 1990. *The Logic of Practice.* Cambridge: Polity Press.

15 Bovard, J. 2003. Quoted in *Funny Times.* November.

16 Brashares, A. 2003. *The Second Summer of the Sisterhood.* New York: Delacorte.

17 Bruner, J. 1986. *Actual Minds, Possible Worlds.* Cambridge, MA: Harvard University Press.

18 ———. 1987. "Life as Narrative." *Social Research* 54, 1: 11–32.

19 ———. 1994 a. "Life as Narrative." In A. H. Dyson and C. Genishi, eds., *The Need for Story: Cultural Diversity in Classroom and Community*, pp.28–37. Urbana, IL: National Council of Teachers of English.

20 ———. 1994 b. "The 'Remembered' Self." In U. Neisser and R. Fivush, eds., *The Remembering Self: Construction and Accuracy in the Self-Narrative*, pp.41–54. Cambridge: Cambridge University

Press.

21 Burbules, N. 1993. *Dialogue in Teaching: Theory and Practice.* New York: Teachers College Press.

22 Carlsen, W. S. 1991. "Questioning in Classrooms: A Sociolinguistic Perspective." *Review of Educational Research* 61: 157–178.

23 Cazden, C. B. 1992. "Revealing and Telling: The Socialization of Attention in Learning to Read and Write." *Educational Psychology* 12: 305–313.

24 ———. 2001. *Classroom Discourse: The Language of Teaching and Learning*, 2 nd ed. Portsmouth, NH: Heinemann.

25 Clay, M. M. 1991. *Becoming Literate: The Construction of Inner Control.* Portsmouth, NH: Heinemann.

26 ———. 1993. *Reading Recovery: A Guidebook for Teachers in Training.* Portsmouth, NH: Heinemann.

27 ———. 2001. *Change Over Time in Children's Literacy Development.* Portsmouth, NH: Heinemann.

28 Cobb, P., and J. Bowers. 1999. "Cognitive and Situated Learning Persepctives in Theory and Practice." *Educational Researcher* 28, 2: 4–15.

29 Comeyras, M. 1995. "What Can We Learn from Students' Questions?" *Theory into Practice* 34, 2: 101–106.

30 Coulthard, M. 1977. "*Conversational Analysis*" : *An Introduction to Discourse Analysis.* London: Longman.

31 Davies, B., and R. Harre. 1999. "Positioning and Personhood." In R. Harre and L. v. Langenhove, eds., *Positioning Theory: Moral Contexts of Intentional Action*, pp. 32–52. Oxford: Blackwell.(引用は、p. 38)

32 Delpit, L. 1988. "The Silenced Dialogue: Power and Pedagogy in Educating Other People's Children." *Harvard Educational Review*

58, 3 : 280–298.

33 Department of Education Training and Employment. 2000. *Social Action Through Literacy : Early to Primary Years.* Adelaide : University of South Australia.

34 Dewey, J. 1985. *Democracy and Education.* Carbondale : Southern Illinois University Press.

35 Dillon, J. T. 1988. "The Remedial Status of Student Questioning." *Curriculum Studies* 20 : 197–210.

36 Doise, W., and G. Mugny. 1984. *The Social Development of the Intellect.* Oxford : Pergamon Press.

37 Donaldson, M. 1978. *Children's Minds.* New York : W. W. Norton.

38 Dunham, P. J., F. Dunham, and A. Curwin. 1993. "Joint-Attentional States and Lexical Acquisition at 18 Months." *Developmental Psychology* 29 : 827–831.

39 Dyson, A. H. 1993. *Social Worlds of Children Learning to Write in an Urban Primary School.* New York : Teachers College Press.

40 ———. 1999. "Coach Bombay's Kids Learn to Write : Children's Appropriation of Media Material for School Literacy." *Research in the Teaching of English* 33, 4 : 367–402.(引用は、pp. 396-397)

41 Dyson, A. H., and C. Genishi. 1994. "Introduction : The Need for Story." In A. H. Dyson and C. Genishi, eds., *The Need for Story : Cultural Diversity in Classroom and Community*, pp. 1–7. Urbana, IL : National Council of Teachers of English.(引用は、p. 4)

42 Eder, R. A. 1994. "Comments on Children's Self-Narratives." In U. Neisser and R. Fivush, eds., *The Remembering Self : Construction and Accuracy in the Self-Narrative*, pp. 180–190. New York : Cambridge University Press.

43 Elbers, E., and L. Streefland. 2000. "'Shall We Be Researchers Again ?' Identity and Social Interaction in a Community of In-

quiry." In H. Cowie and G. v. d. Aalsvoort, eds., *Social Interaction in Learning and Instruction : The Meaning of Discourse for the Construction of Knowledge*, pp. 35–51. Amsterdam : Pergamon Press.

44 Fagan, E. R., D. M. Hassler, and M. Szabl. 1981. "Evaluation of Questioningstrategies in Language Arts Instruction." *Research in the Teaching of English* 15 : 267–273.

45 Feldman, C., and J. Wertsch. 1976. "Context Dependent Properties of Teachers' Speech." *Youth and Society* 8 : 227–258.

46 Fennimore, Beatrice S. 2000. *Talk Matters : Refocusing the Language of Public School*. New York : Teachers College Press.

47 Fivush, R. 1994. "Constructing Narrative, Emotion, and Self in Parent-Child Conversations About the Past." In U. Neisser and R. Fivush, eds., *The Remembering Self : Construction and Accuracy in the Self-Narrative*, pp.136–157. New York : Cambridge University Press.

48 Fletcher, Ralph. 1993. *What a Writer Needs*. Portsmouth, NH : Heinemann.

49 Foote, C. J. 1999. "Attribution Feedback in the Elementary Classroom." *Journal of Research in Childhood Education* 13, 3 : 155–166.

50 Freire, P., and D. Macedo. 1987. *Literacy : Reading the Word and the World*. Hadley, MA : Bergin and Garvey.

51 Gauvain, Mary. 2001. "The Social Context of Cognitive Development." In C. B. Kopp and S. R. Asher, eds., *The Guilford Series on Social and Emotional Development*. New York : Guilford.

52 Gee, J. P. 1996. *Social Linguistics and Literacies : Ideology in Discourses*, 2nd ed. London : Falmer Press.

53 Graves, D. H. 1994. *A Fresh Look at Writing*. Portsmouth, NH :

Heinemann.

54 Greene, Maxine. 1985. "The Role of Education in Democracy." *Educational Horizons* 63 : 3–9.

55 Grice, H. P. 1975. "Logic and Conversation." In P. Cole and J. L. Morgan, eds., *Syntax and Semantics 3 : Speech Acts*, pp. 41–58. New York : Academic Press.

56 Grolnick, W. S., and R. M. Ryan. 1989. "Parent Styles Associated with Children's Self-Regulation and Competence : A Social Contextual Perspective." *Journal of Educational Psychology* 81 : 143–154.

57 Halliday, M. A. K. 1993. "Towards a Language-Based Theory of Learning." *Linguistics and Education* 5 : 93–116.(引用は、p. 94)

58 ———. 1994. *An Introducation to Functional Grammar*, 2nd ed. London : Edward Arnold.

59 Harre, R. 1998. *The Singular Self : An Introduction to the Psychology of Personhood*. Thousand Oaks, CA : Sage.

60 Harre, R., and G. Gillet. 1994. *The Discursive Mind*. Thousand Oaks, CA : Sage.(引用は、p. 169)

61 Hokoda, A., and F. D. Fincham. 1995. "Origins of Children's Helpless and Mastery Achievement Patterns in the Family." *Journal of Educational Psychology* 87 : 375-385.

62 Honea, M. 1982. "Wait Time as an Instructional Variable : An Influence on Teacher and Student." *Clearinghouse* 56 : 167–170.

63 Hutchby, I., and R. Wooffitt. 1997. *Conversation Analysis*. Oxford : Blackwell.

64 Ivey, G. 2002. "'Responsibility and Respect for Themselves and for Whatever It Is They're Doing' : Learning to Be Literate in an Inclusion Classroom." In R. L. Allington and P. H. Johnston, eds., *Reading to Learn : Lessons from Exemplary Fourth-Grade*

Classrooms, pp. 54–77. New York: Guilford.
65 Ivey, G., P. H. Johnston, and J. Cronin. 1998. *Process Talk and Children's Sense of Literate Competence and Agency*. Montreal: American Educational Research Association.
66 Johnston, P. H. 1999. "Unpacking Literate 'Achievement.'" In J. Gaffney and B. Askew, eds., *Stirring the Waters: A Tribute to Marie Clay*. Portsmouth, NH: Heinemann.(引用は、p. 35)
67 Johnston, P. H., S. Guice, K. Baker, J. Malone, and N. Michelson. 1995. "Assessment of Teaching and Learning in 'Literature Based' Classrooms." *Teaching and Teacher Education* 11, 4: 359–371.
68 Johnston, P. H., S. Layden, and S. Powers. 1999. *Children's Literate Talk and Relationships*. Montreal: American Educational Research Association.
69 Johnston, P. H., and J. Backer. 2002. "Inquiry and a Good Conversation: 'I Learn a Lot from Them.'" In R. L. Allington and P. H. Johnston, eds., *Reading to Learn: Lessons from Exemplary Fourth-Grade Classrooms*, pp. 37–53. New York: Guilford.(引用は、p. 47, p. 49)
70 Johnston, P. H., T. Bennett, and J. Cronin. 2002 a. "'I Want Students Who Are Thinkers.'" In R. L. Allington and P. H. Johnston, eds., *Reading to Learn: Lessons from Exemplary Fourth-Grade Classrooms*, pp. 140–165. New York: Guilford.
71 —— 2002 b. "Literate Achievements in Fourth Grade." In R. L. Allington and P. H. Johnston, eds., *Reading to Learn: Lessons from Exemplary Fourth-Grade Classrooms*, pp. 188–203. New York: Guilford.(引用は、p. 194)
72 Johnston, P. H., H. W. Jiron, and J. P. Day. 2001. "Teaching and Learning Literate Epistemologies." *Journal of Educational Psy-*

chology 93, 1 : 223–233.

73 Johnston, P. H., and M. E. Quinlan. 2002. "A Caring, Responsible Learning Community." In R. L. Allington and P. H. Johnston, eds., *Reading to Learn : Lessons from Exemplary Fourth-Grade Classrooms*, pp. 123–139.New York : Guilford.(引用は、p. 133, p. 126)

74 Johnston, P. H., and P. N. Winograd. 1985. "Passive Failure in Reading." *Journal of Reading Behavior* 17, 4 : 279–301.

75 Kameenui, E. J. 1995. "Direct Instruction Reading as Contronym and Eonomine." *Reading and Writing Quarterly : Overcoming Learning Disabilities* 11 : 3–17.

76 Kingsolver, Barbara. 1989. "Quality Time." In B. Kingsolver, ed., *Homeland and Other Stories*. New York : HarperCollins.

77 Kondo, D. K. 1990. *Crafting Selves : Power, Gender, and Discourses of Identity in a Japanese Workplace*. Chicago : University of Chicago Press.

78 Kuhn, D., M. Garcia-Mila, A. Zohar, and C. Anderson. 1995. *Strategies of Knowledge Acquisition* 60, 4. Chicago : Society for Research in Child Development.

79 Ladson-Billings, G. 1994. *The Dreamkeepers : Successful Teachers of African American Children*. San Francisco : Jossey-Bass.

80 Langenhove, L. v., and R. Harre. 1999. "Introducing Positioning Theory." In R. Harre and L. v. Langenhove, eds., *Positioning Theory : Moral Contexts of Intentional Action*, pp. 14–31. Oxford : Blackwell.

81 Licht, B. 1993. "Achievement-Related Belief in Children with Learning Disabilities : Impact on Motivation and Strategy Learning." In L. J. Meltzer, ed., *Strategy Assessment and Instruction for Students with Learning Disabilities*, pp. 247–270. Austin, TX : Pro-Ed.

82 Lindfors, J. W. 1999. *Children's Inquiry: Using Language to Make Sense of the World*. New York: Teachers College Press.（引用は、p. 92）

83 Little, Jean. *Little by Little*（邦訳：ジーン・リトル作、磯村愛子訳『天国のパパへのおくりもの――苦難をのりこえたジーンの物語』女子パウロ会、2007 年）

84 Lloyd, C. V. 1998. "Adolescent Girls: Constructing and Doing Literacy, Constructing and Doing Gender." *Reading Research Quarterly* 33, 1: 129–136.

85 Luria, A. R. 1973. Trans. B. Haigh. *The Working Brain: An Introduction to Neuropsychology*. New York: Basic Books.

86 Lyons, C. 1991. "Helping a Learning Disabled Child Enter the Literate World." In D. DeFord, C. Lyons, and G. S. Pinnell, eds., *Bridges to Literacy: Learning from Reading Recovery*, pp. 205–216. Portsmouth, NH: Heinemann.（引用は、p. 209）

87 Lyons, N. 1990. "Dilemmas of Knowing: Ethical and Epistemological Dimensions of Teachers' Work and Development." *Harvard Educational Review* 60: 159–180.

88 Lyons, C. A., G. S. Pinnell, and D. E. DeFord. 1993. *Partners in Learning: Teachers and Children in Reading Recovery*. In D. Strickland and C. Genishi, eds., *Language and Literacy* Series. New York: Teachers College Press.

89 MacLachlan, P. 1980. *Through Grandpa's Eyes*, HarperCollins Publishers（邦訳：P.マクラクラン作、若林千鶴訳、広野多珂子絵『おじいちゃんの目、ぼくの目』文研出版 1999 年）

90 McQueen, H., and I. Wedde, eds. 1985. *The Penguin Book of New Zealand Verse*. Auckland, New Zealand.（引用は、p. 27）

91 Mercer, N. 2000. *Words and Minds: How We Use Language to Think Together*. London: Routledge.

92 Michaels, S. 1986. "Narrative Presentations : An Oral Preparation for Literacy with First Grade." In J. Cook-Gumperz, ed., *The Social Construction of Literacy*, pp. 94–116. New York : Cambridge University Press.

93 Miller, D. 2002 a. *Happy Reading!* Tape 1 : Essentials : Tone, Structure, and Routines for Creating and Sustaining a Learning Community. Portland, ME : Stenhouse. Videotape.

94 ———. 2002 b. *Happy Reading!* Tape 3 : Wise Choices : Independence and Instruction in Book Choice. Portland, ME : Stenhouse. Videotape.

95 Miller, M. 1986. "Learning How to Contradict and Still Pursue a Common End-The Ontogenesis of Moral Argumentation." In J. Cook-Gumperz et al., ed., *Children's Worlds and Children's Language*. Berlin : Mouton de Gruyter.

96 Miller, P. J. 1994. "Narrative Practices : Their Role in Socialization and Self-Construction." In U. Neisser and R. Fivush, eds., *The Remembering Self : Construction and Accuracy in the Self-Narrative*, pp. 158–179. Cambridge : Cambridge University Press.

97 Mishler, E. G. 1999. *Storylines : Craftartists' Narratives of Identity*. Cambridge : Harvard University Press.

98 Mitchell, R. W. 2001. "Americans' Talk to Dogs : Similarities and Differences with Talk to Infants." *Research on Language and Social Interaction* 34, 2 : 183–210.

99 Neisser, U. 1976. *Cognition and Reality : Principles and Implications of Cognitive Psychology*. San Francisco : W. H. Freeman.

100 Nicholls, J. G. 1989. *The Competitive Ethos and Democratic Education*. Cambridge : Harvard University Press.

101 Niemi, P., and E. Poskiparta. 2002. "Shadows over Phonological Awareness Training : Resistant Learners and Dissipating Gains."

In E. Hjelmquist and C. v. Euler, eds., *Dyslexia and Literacy*. London: Whurr Publishers.

102 Nolen-Hoeksema, S., J. S. Girus, and M. E. P. Seligman. 1986. "Learned Helplessness in Children: A Longitudinal Study of Depression, Achievement, and Explanatory Style." *Journal of Personality and Social Psychology* 51: 435–442.

103 Nowicki, S., and K. A. Schneewind. 1982. "Relation of Family Climate Variables to Locus of Control in German and American Students." *Journal of Genetic Psychology* 141: 277–286.

104 Nystrand, M., A. Gamoran, R. Kachur, and C. Prendergast. 1997. *Opening Dialogue: Understanding the Dynamics of Language and Learning in the English Classroom*. New York: Teachers College Press.

105 O'Reilley, M. R. 1993. *The Peaceable Classroom*. Portsmouth, NH: Heinemann-Boynton／Cook.（引用は、p. 30）

106 Palmer, P. J. 1993. *To Know as We Are Known: Education as a Spiritual Journey*. San Francisco: HarperCollins.（邦訳：P.J.パーマー著、小見のぞみ・原真和訳『教育のスピリチュアリティ――知ること・愛すること』日本キリスト教団出版局、2008年、引用箇所は、67ページ）

107 Pintrich, P. R., and P. C. Blumenfeld. 1985. "Classroom Experience and Children's Self-Perceptions of Ability, Effort, and Conduct." *Journal of Educational Psychology* 77, 6: 646–657.

108 Pontecorvo, C., and L. Sterponi. 2002. "Learning to Argue and Reason Through Discourse in Educational Settings." In G. Wells and G. Claxton, eds., *Learning for Life in the 21st Century: Sociocultural Perspectives on the Future of Education*, pp. 127–140. Oxford: Blackwell.

109 Poskiparta, E., P. Niemi, J. Lepola, A. Ahtola, and P. Laine. 2003.

"Motivational-Emotional Vulnerability and Difficulties in Learning to Read and Spell." *British Journal of Educational Psychology : British Psychological Society.*

110 Pradl, G. M. 1996. "Reading and Democracy : The Enduring Influence of Louise Rosenblatt." *The New Advocate* 9, 1 : 9–22.

111 Pressley, M., R. L. Allington, R. Wharton-MacDonald, C. Collins-Block, and L. Morrow. 2001. *Learning to Read : Lessons from Exemplary First-Grade Classrooms.* New York : Guilford.

112 Pressley, M., S. E. Dolezal, L. M. Raphael, L. Mohan, A. D. Roehrig, and K. Bogner. 2003. *Motivating Primary Grade Students.* New York : Guilford.

113 Pressley, M., and V. Woloshyn. 1995. *Cognitive Strategy Instruction That Really Improves Children's Academic Performance,* 2 nd ed. Cambridge : Brookline Books.

114 Randall, W. L. 1995. *The Stories We Are.* Toronto : University of Toronto Press.

115 Ray, K. W. 1999. *Wondrous Words. Writers and Writing in the Elementary Classroom.* Urbana, IL : National Council of Teachers of English.(引用は、pp. 259-260)

116 Reichenbach, R. 1998. "The Postmodern Self and the Problem of Developing a Democratic Mind." *Theory and Research in Social Education* 26, 2 : 226–237.

117 Repacholi, B. M. 1998. "Infant's Use of Attentional Cues to Identify the Referent of Another Person's Emotional Expression." *Developmental Psychology* 34 : 1017–1025.

118 Riessman, C. K. 1993. *Narrative Analysis.* Vol. 30. Newbury Park, CA : Sage.

119 Rio, P. d., and A. Alvarez. 2002. "From Activity to Directivity : The Question of Involvement in Education." In G. Wells and G.

Claxton, eds., *Learning for Life in the 21 st Century : Sociocultural Perspectives on the Future of Education*, pp. 59–83. Oxford : Blackwell.（引用は、pp. 68-69）

120 Roeser, R., C. Midgley, and T. C. Urdan. 1996. "Perceptions of the School Psychological Environment and Early Adolescents' Psychological and Behavioral Functioning in School : The Mediating Role of Goals and Belonging." *Journal of Educational Psychology* 88 : 408–422.

121 Rogoff, B., and C. Toma. 1997. "Shared Thinking : Community and Institutional Variations." *Discourse Processes* : 471–497.

122 Rylant, C. 1982. *When I was young and in the mountains*. New York : Puffin.（邦訳：S・ライラント文、もりうちすみこ訳『わたしが山おくにすんでいたころ』ゴブリン書房、2012 年）

123 Schaffer, H. R. 1996. "Joint Involvement Episodes as Context for Development." In H. Daniels, ed., *An Introduction to Vygotsky*, pp. 251–280. London : Routledge.

124 Schunk, D. H., and P. D. Cox. 1986. "Strategy Training and Attributional Feedback with Learning-Disabled Students." *Journal of Educational Psychology* 78 : 201–209.

125 Scollon, R. 2001. *Mediated Discourse : The Nexus of Practice*. New York : Routledge.

126 Scollon, R., and S. Scollon. 1981. *Narrative, Literacy, and Face in Interethnic Communication*. Northwood, NJ : Ablex.

127 Seligman, M. E. P. 1975. *Helplessness : On Depression, Development, and Death*. San Francisco : W. H. Freeman.

128 Senge, P. M. 1994. *The Fifth Discipline : The Art and Practice of the Learning Organization*. New York, Doubleday.（邦訳：P・M・センゲ著、枝廣淳子・小田理一郎・中小路佳代子訳『学習する組織――システム思考で未来を創造する』英治出版、2011 年）

129 Skinner, E. A., M. J. Zimmer-Gembeck, and J. P. Connell. 1998. Individual Differences and the Development of Perceived Control (＃254).Monographs of the Society for Research in Child Development, 63, 2–3 : 220.

130 Steig, W. 1976. *The Amazing Bone.* New York : Puffin Books.(邦訳：W・スタイグ作、せたていじ訳『ものいうほね』評論社、1978年)

131 Sutton-Smith, B. 1995. "Radicalizing Childhood : The Multivocal Mind." In H. McEwan and K. Egan, eds., *Narrative in Teaching, Learning, and Research,* pp. 69–90. New York : Teachers College Press.(引用は、p. 87、p. 72、p. 71)

132 Taylor, B. M., D. S. Peterson, P. D. Pearson, and M. Rodriguez. 2002. "Looking Inside Classrooms : Reflecting on the 'How'as Well as the 'What' in Effective Reading Instruction." *The Reading Teacher* 56 : 70–79.

133 Tomasello, M., and M. J. Farrar. 1986. "Joint Attention and Early Language." *Child Development* 57 : 1454–1463.

134 Vygotsky, L. S. 1978. *Mind in Society : The Development of Higher Psychological Processes.* Cambridge : Harvard University Press.(引用は、p. 103)

135 ———. 1986. *Thought and Language.* Cambridge : MIT Press.(引用は、p. 253)

136 Wagner, B. M., and D. A. Phillips. 1992. "Beyond Beliefs : Parent and Child Behaviors and Children's Perceived Academic Competence." *Child Development* 63 : 1380–1391.

137 Wegerif, R., and N. Mercer. 1997. "Using Computer-Based Text Analysis to Integrate Qualitative and Quantitative Methods in Research on Collaborative Learning." *Language and Education* 11, 4 : 271–286.

138 Wells, G. 1998. *Dialogue and the Development of the Agentive Individual : An Educational Perspective.* Aarhus, Denmark : ISCRAT 98. http://www.oise.utoronto.ca/~gwells/Iscrat.agentive.txt accessed 2/15/04.

139 ———. 2001. "The Case for Dialogic Inquiry." In G. Wells, ed., *Action, Talk and Text : Learning and Teaching Through Inquiry*, pp. 171–194. New York : Teachers College Press.

140 Wentzel, K. R. 1997. "Student Motivation in Middle School : The Role of Perceived Pedagogical Caring." *Journal of Educational Psychology* 89 : 411–419.

141 Wertsch, J. V., P. Tulviste, and F. Hagstrom. 1993. "A Sociocultural Approach to Agency." In E. A. Foorman, N. Minick, and C. A. Stone, eds., *Contexts for Learning : Sociocultural Dynamics in Children's Development*, pp. 336–356. New York : Oxford University Press.

142 Wharton-McDonald, R., K. Boothroyd, and P. H. Johnston. 1999. Students' Talk About Readers and Writers, Reading and Writing. Paper presented at the American Educational Research Association, Montreal.(引用は、p. 2)

143 Wharton-McDonald, R., and J. Williamson. 2002. "Focus on the Real and Make Sure It Connects to Kids' Lives." In R. L. Allington and P. H. Johnston, eds., *Reading to Learn : Lessons from Exemplary Fourth-Grade Classrooms*, pp. 78–98. New York : Guilford.(引用は、p. 80, p. 82, p. 92)

144 Wood, L. A., and R. O. Kroger. 2000. *Doing Discourse Analysis : Methods for Studying Action in Talk and Text.* Thousand Oaks, CA : Sage.

145 Wortham, S. 2001. "Narratives in Action : A Strategy for Research and Analysis." In A. Ivey, ed., *Counseling and Develop-*

ment Series. New York: Teachers College Press.
146 Young, R. 1992. *Critical Theory and Classroom Talk.* Philadelphia: Multilingual Matters.

＊文献については、原著のまま掲載しています。